아이의 말 선물

동시 쓰는 엄마가 수집한 꽃보다 예쁜 아이의 말

아이의 말 선물

고하연 지음

폭스코너

프롤로그

아이가 태어나면서 동시에 엄마가 되었습니다. 〈클로이의 요술옷장〉이라는 만화에서는 주인공이 옷장 속에 걸려 있는 옷을 갈아입으면 알프스 소녀가 되고, 아라비안 공주가 되고, 카레이서가 됩니다. 옷 하나로 다른 세계로 갑니다. 산부인과에서 환자복을 입자 (아기가 태어나고) 엄마가 되었습니다. 클로이처럼요. 나라는 사람은 그대로인데 다른 옷을 입으니 어느새 새로운 세계에 도착했습니다.

처음부터 베테랑인 엄마가 있을까요? 아이가 커가는 것처럼 엄마도 성장했습니다. 아기가 서서히 어린이가 되듯 엄마도 서서히 엄마가 되었습니다. 엄마라는 자리는 속성 과외가 없었습니다. 처음이라 우왕좌왕했고 수많은 물음표가 머릿속에 가득했습니다. 아이가 성장하는 매

순간마다 이게 맞는 건지 의심스러워 갸우뚱 멈춰 섰습니다. 늘 태풍 속에 있는 듯 휘청거렸지만 어쨌든 조금씩 나아갔습니다.

아이가 커가면서 엄마에게 선물 같은 순간들을 안겨주었습니다. 국숫집에 걸려 있는 메주를 보며 '빵'이냐고 물었고, 바닷가의 파도를 보며 '구름'이라고도 했습니다. 하늘에 있어야 할 구름이 아이 덕분에 모래사장에 놀러 올 수 있었던 거죠. 한번은 기다리던 엘리베이터에 '만원'이라는 표시등이 켜지자 놀란 눈을 하며 내게 물었습니다.

"엄마, 저거 타려면 만 원 내야 해?"

이런 시선은 아이가 아니었다면 만날 수 없는 것이었습니다. 아이가 엄마에게 주는 '말 선물'이었습니다. 저는 아이를 키우면서 마주치는 말꽃을 수첩, 핸드폰, 달력 등에 틈틈이 적어두었습니다. 마침내 그 기록들이 모여 한 권의 책이 되었고요. 아이가 커서 이 책을 펼쳐본다면 그 또한 엄마가 주는 선물이 될 거라고 저는 생각합니다.

이 책의 구성은 다음과 같습니다. 1장에서는 연습할 시간 없이 태어난 아이로 인한 엄마의 혼돈이 고스란히 녹아 있습니다. 잘해보려고 애썼지만 자꾸 넘어졌습니다. 별 같은 아이의 눈동자를 바라보면 한없이 벅차오르다가도 자주 외로워졌습니다. 그런 마음들을 담았습니다. 지금도 어딘가에서 '나만 이런 기분을 느끼는 걸까?' 하고 생각하는 엄마들을 위로하고 싶었습니다. 당신만 그런 것이 아니라고요.

2장에서는 고되고 힘든 육아 속에서도 한 조각의 행복을 찾으려고 애쓴 순간이 담겨 있습니다. 처음에는 아이가 좋아해서 찾은 놀이터였지만 시간이 흐르면서 저도 좋아하게 되었습니다. 둘의 취미가 된 놀이터 수집과 아이와 어른 모두 자꾸 반하게 되고 영감을 주는 자연에 대해 이야기했습니다. 장난감만으로는 아이의 즐거움을 다 채울 수 없었기에 놀이 개발자가 되어 연구한 놀이방법들도 소개했습니다. 보이지 않는 앞을 가늠하고 싶을 때에는 그 길을 먼저 간 선배 엄마들의 이야기에서 지혜를 얻었습니다. 육아 선배들의 진심어린 위로와 혼자만의 외출에서 발견한 위트, 그리고 아이가 성장하는 순간마다 피고 지는 말꽃을 담았습니다.

3장에서는 순도 백 퍼센트의 아이의 말을 기록했습니다. 모든 것에 호기심 버튼이 켜져 있는 아이들의 모습과 오감으로 주변을 탐색하는, 관찰력 있는 시선들을 모았습니다. 삶의 중요한 가치관을 아이에게 배웠습니다. 나를 사랑하는 마음도 배웠습니다. 오로지 아이의 머리에서 생각을 키우고 입으로 쏟아낸 말들의 경이로움을 담았습니다.

4장에서는 아이가 점점 커가면서 좀 더 구체적으로 표현한 말들을 모았습니다. 아이는 자기의 생각을 섬세하게 얘기했습니다. 자전거를 사랑하는 마음, 점프를 즐기는 순간들, 갈매기에 다가가는 모습, 인공지능과의 대화, 그네를 타는 다양한 방법, 그림자를 그리던 순간, 집과 이별을 준비하는 모습까지 아이의 싱싱한 표현들과 생각들을 바라보고 글과 그림으로 기록하였습니다.

 5장에서는 여유 있는 태도가 육아에 가져온 변화들을 담았습니다. 엄마와 아이 모두 여유가 있을 때 서로를 마음으로 품을 수 있었습니다. 시간도, 마음도 촉박할 때는 서로를 스치기만 했습니다. 기계의 부속품처럼 아이로서 엄마로서의 역할만 존재했습니다. 어느 날 문득 시간을 이렇게 보내면 안 되겠다고 생각했습니다. 아이가 커서 학업으로 바빠지면 서로의 얼굴을 마주할 시간이 부족할 테니 그 시기가 오기 전까지는 의식적으로 여유를 챙겨 서로의 마음에 입장하기로 마음먹었습니다. 여유가 있을 때 비로소 서로를 깊이 들여다볼 수 있을 테니까요.

 우리는 어릴 때부터 정답을 원하는 사회에서 성장했습니다. 그래서일까요? 아이를 키우면서도 나의 방식이 틀린 것은 아닐까, 불안했습니다. 아이 친구들의 엄마를 만나면 그 방법이 맞는 것만 같아 초조하기도 했습니다. 육아는 정답이 없습니다. 저마다의 이야기가 있을 뿐입니다. 모든 엄마들이 다르고 아이들도 다 다릅니다. 각 집마다 맺어지는 관계의 향기도 다릅니다.

저는 다른 집을 구경하는 걸 좋아합니다. 친구네 집에 놀러 가서 '이 집은 변기 커버에 손잡이를 달았네', '이 집은 원형 식탁이라서 밥 먹을 때 서로 가까이 모여 있는 기분이 들겠구나', '수중식물을 키우니 거실이 정원 속 연못 같네' 등등 좋다고 여기는 것들을 온몸으로 느낍니다. 배울 점들을 벤치마킹하듯 저희 집에 적용해봅니다.

이 책에는 속속들이 알지 못하는 다른 집 육아 이야기도 담겨 있습니다. 저희 집 문을 활짝 열어놓겠습니다. 책장을 펼쳐 저희 집 안으로 들어오셔서 마음껏 구경하시길 바랍니다. 친구 집에 놀러 가듯 편안한 마음으로 둘러보시면 좋겠습니다. 그중 하나라도 마음에 드는 것이 있다면 여러분의 가슴에 담아가시기를 바랍니다.

책 속에 많은 이야기가 있지만 제가 나누고 싶은 마음 한 가지는 '아이의 말'의 소중함입니다. 아이들의 말 속에는 깨달음을 주는 철학가, 재미있는 스토리텔러, 끊임없이 사유하는 예술가, 부부를 소통하게 만드는 카운슬러, 글로 노래하는 시인, 실생활의 불편함을 해결하는 발명가 등등 수많은 이들이 존재합니다. 스쳐버리지 않고 귀 기울여보면 그 안에 이 모든 것들이 있다는 것을 알게 됩니다.

또한 아이의 말에는 저마다의 싱싱함이 존재합니다. 머릿속에는 보물이 가득합니다. 보이지 않는 말을 통해 보석들이 쏟아집니다. 하루에도 수없이 쏟아지는 아이의 말들이 그냥 사라지는 것이 아쉬웠습니다. 우리 집 아이의 말은 내가 열심히 기록하면 되는데, 다른 아이들의 말들이 바람에 날아가는 것은 잡을 수가 없었습니다. 아이의 성장을 사진으로, 동영상으로 남기듯 아이의 말을 기록해보는 건 어떨까요?

아이의 말랑말랑한 말은 어른이 되면 딱딱해집니다. 보드라운 말에 가시가 생겨나기도 합니다. 첫눈 같은 내 아이의 말이 지금 이 시간에도 쏟아지고 있을 거예요. 내 아이, 아이의 친구들, 조카들… 지나가며 스치는 모든 아이들의 입에서 나오는 한정판 말들을 감상해보시길 바랍니다. 그리고 그 말 속에서 잠깐 미소 짓기를 바라봅니다.

2020년 6월의 맑은 날,
고하연

차례

프롤로그 — 5

1장: **이제는 방향 잡기**

속성 엄마가 되다 — 17
외로운 섬 속에 살다 — 21
한눈팔아도 괜찮아 — 26
틈 속에서 나를 찾다 — 32

2장 : 365일 행복 연습

놀이터를 수집하다 — 43
자연에 반하다 — 47
놀이를 개발하다 — 56
선배 엄마에게 위로받다 — 64
하루 한 개, 위트를 발견하다 — 70
아이의 말 적금 — 77
발견도 습관이다 — 85

3장 : 순도 백 퍼센트 아이의 말

호기심은 연중무휴 — 97
오감 속에 자라다 — 103
관찰력이라는 돋보기 — 110
삶의 가치를 배우다 — 116
아이의 마음 들여다보기 — 123
나를 사랑하는 마음 — 127
주변에서 어떤 일이 일어나고 있지? — 134

4장: 아이의 말을 그리다

자전거가 그렇게 좋아? — 145
점프하는 모든 것 — 150
갈매기와 친구는 닮은꼴 — 156
대화가 필요해 — 163
그네에 탑승하시겠습니까? — 170
가구에게 뽀뽀하다 — 176
가족요리대회가 알려준 것 — 183
배려의 길이 — 191
시 나왔어 — 197
산타가 사라진 날 — 206
핀 거야? 안 핀 거야? — 214
그림자를 그리다 — 220

5장: 진짜 행복, 조금의 여유

여유의 진정한 의미 — 229
엄마 마음 챙기기 — 235
엄마와 아이 사이 — 244
행복 찾기 — 250

1장
이제는 방향 잡기

속성 엄마가 되다

아홉 시간의 진통 끝에 하나였던 몸이 둘이 되었다. 병원 침대 위에 오를 때는 분명 혼자였는데 어느새 작은 아이가 내 배 위에서 숨 쉬고 있었다. 조그마한 생명체는 엄마의 몸속에서 나와 제일 먼저 울음버튼을 누르며 존재를 알렸다. 그렇게 엄마가 되었다.

신생아실 침대에 누워 있는 아기를 보았다. 작은 발목에 붙어 있는 이름표를 보면 내 딸이 맞는데 어쩐지 낯설었다. 옆집 아주머니도 몇 번은 마주치며 이야기를 나눠봐야 조금씩 가까워졌다. 아기의 작고 작은 몸이 신기하고 경이로웠지만 아직은 어색했다. 동시에 엄마가 되었다는 것도 실감이 안 났다.

'내가 엄마라고? 내가?'

회사 면접에 최종 합격하면 삼 개월의 인턴 기간을 거친다. 처음에는 작은 일부터 천천히 업무를 배워나간다. 일이 어느 정도 파악되고 익숙해질 때쯤 정직원이 된다. 하지만 '엄마'라는 직책에는 인턴 기간이 없었다. 하루아침에 엄마라는 정직원이 되었다. 업무를 가르쳐줄 선배도 상사도 없었고 정해진 점심시간도 없었다. 홀로 모든 것을 해내야 했다. 처음부터 밤샘 작업이 필요한 고강도의 일이었다.

수학, 국어, 과학, 영어 등은 학교에서 몇 년이나 배운다. 운전면허를 따기 위해서도 의무교육을 받는다. 한데 한 생명을 낳고 키우는 이 중차대한 일에 대한 교육은 그 어디서도 받아본 적이 없었다. 뭔가 이상했다. 시험 전날도 아닌 시험 당일, 시험지를 들고 공부를 하는 기분이었다. 날마다 시험을 보는 것 같은 긴장의 연속이었다.

아이를 낳고 겪게 되는 수많은 일들이 어쩐지 예고도 없이 다른 나라에 떨어져 사는 일 같기도 했다. 사전 지식 없이 엄마가 된 상황이 생소하면서도 당황스러웠다.

작은 동그라미 안에 더 작은 눈, 코, 입이 자리해 있다. 아기는 눈을 뜨지도 못한다. 입은 오물오물 움직이며 공기를 만진다. 손톱마저 투명하다. 너무 작고 말랑말랑해서 아기를 안을 때마다 '어디가 꺾이는 건 아닐까? 자세가 불편하진 않을까?' 걱정이 돼서 내 긴 팔을 제대로 가누질 못했다. 아이와 같이 나도 흐물거렸다.

방 안에 단둘이 있으면 아기는 그 공간의 크기만 한 울음을 만들어 냈다. 거실로 나가면 울음의 부피는 거실 크기만큼 커졌다. 그 시기 '아기와 나, 울음' 이렇게 셋은 늘 함께했다. 아기와 소통하고 싶었지만 낯선 별에서 막 도착해서인지 나의 이야기를 알아듣지 못하는 것 같았다. 이런저런 눈빛을 보내고 '우르르르 까꿍' 같은 외계어를 써도 울음은 멈추지 않았다. 번역가가 된 듯 날마다 아기별의 언어를 찾았다. 그동안의 경험과 노하우를 다 적용해보았지만 받아들여지는 것은 없었다. 매일 밤낮으로 각기 다른 울음에 반응하며 온 에너지를 다 쏟아냈다. 아기가 눈꺼풀을 닫아 잠들면 그제야 나도 온몸에 켜진 감각들을 끄고 쉴 수 있었다.

　'엄마'라는 직책을 맡으며 그때그때 필요한 역량은 책과 인터넷을 통해 채워갔다. 책에서 일러주길, 엄마 뱃속의 환경과 비슷하게 만들어주면 아기가 안정감을 느낀다고 했다. 집의 청소기와 드라이기를 작동하며 음향감독이라도 된 듯 백색소음을 만들었다. 갑자기 심하게 보챌 때에는 몇 개월 육아 선배인 친구에게 전화를 걸었다. 아기 행동의 이유를 묻고 원인을 추측했다. 그 친구도 과거 자신이 가늠했던 것들을 이야기해주었다. 아기는 말이 없으니 정확한 원인은 모른 채 서로 가늠하고 추측할 뿐이었다. 그 시절엔 안개 속을 걷다가 안개가 걷히면 한숨을 돌리고 그러다 또 안개가 피어나는 일이 반복됐다. 회사처럼 같은 공간에 직장 상사가 있어서 지금 하고 있는 행동들이 '맞다'거나 '틀리다'고 조언해주면 좋겠다고 생각했다. 아니면 육아 과외라도 받고 싶은 심정이었다. 날마다 가장 어려운 문제를 푸는 듯했다. 아기의 암호를 찾는 일은 수학 문제집에서 마지막에 나오는 심화문제를 푸는 일 같았다. 심화문제를 풀면 이번엔 더 어려운 심화문제가 등장했다. 열심히 풀려고 책상에 앉아 있는데 잘 풀리지도 않고 풀어도 그게 정답인지 알 수 없었다. 내 손에는 답안지가 없었다. 엄마의 자리는 오로지 독학으로 역량을 채워나가야 했다. 혼자 습득하고 실행하고 실수하며 수정해나가야 했다.

    백일이 지났을까? 두더지 게임처럼 어디에서 튀어나올지 모르던 울음이 도미노게임처럼 예측 가능한 울음으로 바뀌었다. 시도 때도 없던 아기의 울음은 배고플 때, 배변을 했을 때, 자세가 불편할 때 등 짐작할 수 있는 이유들로 규칙을 찾아갔다. 잠투정도 줄어들었다. 서로에게 편안하고 안정된 시간으로 진입하는 데 백 일 정도의 시간이 걸렸다. 그 시간은 회사의 인턴 기간 삼 개월과 비슷했다. 연습도 없이, 그야말로 느닷없이 되어버린 초보 엄마는 시간의 다리를 건너며 조금씩 성장하기 시작했다.

외로운 섬 속에 살다

　주변엔 웃음이 가득했다. 늘 곁에 사람이 있었다. 나가고자 하면 어디든 닿을 수 있었고 사람을 만나고자 하면 마주할 수 있었다. 다가서면 저절로 열리는 자동문처럼 쉬운 일이었다.

　결혼 후 남편의 회사를 따라 서울에서 천안으로 삶의 터전을 옮겼다. 가족도 친구도 없는 낯선 곳에서 사는 건 처음이었다. 늘 곁에 가족이 있었고 동네에는 친구들이 있었다. 초등학교부터 고등학교까지 한 동네에서 다녔다. 그때껏 나의 삶 속에서 이별은 없었다. 한데 낯선 곳으로 가게 되니 몸속에 늘 있던 것이 빠져나간 기분이었다. '내 안은 나 외에도 많은 것들로 채워져 있었구나' 깨달았다. 풍요로웠던 삶에 원하지 않은 여백의 시간이 늘어갔다. 삶의 시계가 멈춘 듯 고요했다. 원해서 고요해진 것과 강제로 고요해진 것은 다른 이야기였다. 동네가 바뀌니 당연히 아는 사람이 하나 없었다. 아는 빵집도 없고 아는 미용실도 없었다. 다시 0에서 삶을 시작해야 했다. 사람을 사귀는 것이 쉬운 이도 있겠지만 난 시간이 오래 걸렸다. 말은 쉽게 건넬 수 있지만 마음을 주는 것은 쉽게 되는 일이 아니었다. 창문 밖 나무 위의 새처럼 혼자 노래 부르고 혼자 날갯짓하고 혼자 밥을 먹었다.

결혼 후 일 년이 안 되어 아기가 생겼다. 출산은 더 큰 외로움의 옷으로 갈아입는 일이었다.

'친정이 가까이에 있어서 전처럼 엄마와 일상을 나눌 수 있으면 얼마나 좋을까?'
'친구 한 명이라도 이웃에 살면 얼마나 즐거울까?'

자꾸 지나간 삶이 그리웠다. 거듭 뒤를 돌아봤다. 작은 아기 하나 돌보는 일에 한 사람은 부족하게 느껴졌다. 적어도 두 사람이 교대근무를 해야 마음과 몸, 다 챙기며 건강하게 아기를 돌볼 수 있을 것 같았다. 스물네 시간을 꽉 채워 쓰는 아기에게 엄마는 잠도 양보해야 했다. 밤낮을 가리지 않는 아기를 돌보느라 태어나서 처음으로 잠을 못 자는 고통에 대해 알게 되었다. 인간에게 주어진 수면 시간을 못 채운 채 반복되는 삶은 핸드폰 배터리가 오 퍼센트 남은 상태로 지내는 것과 비슷했다. 배터리가 얼마 없으면 핸드폰이 절전모드로 바뀌면서 화면이

어두워지듯이 그 시기엔 몸이 소멸할 듯한 상태로 나머지 시간을 사는 것 같았다. 잠은 삶의 활력을 유지하는 데 큰 역할을 했다. 또한 사람의 감정을 다스리는 것과도 연결되어 있었다. 감정이 울퉁불퉁해지면서 표정도 잃어갔다. 잠을 잘 자지 못한 채 살아가니 면역력이 약화되어 온몸에 두드러기가 번졌다. 수면 부족이 믹서에 든 과일처럼 삶을 이리저리 흔들었다.

 몸도 아팠지만 더 힘든 것은 마음의 생기를 잃는 것이었다. 사람이 그리웠다. 마음을 주고받을 대상이 필요했다. 혼자에서 아이까지 둘이 됐지만 어쩐지 외로움의 크기는 줄지 않고 더 커지기만 했다. 아기는 태양 같은 미소로 날마다 집을 환하게 밝혔다. 싱그럽고 사랑스러운 아기를 옆에 두고 회색빛 인간이 되어가는 스스로가 이상했다. 하지만 인간과의 교류 없이 로봇처럼 반복되는 일상에 그럴 만도 했다. 누군가 마음을 나눌 이 하나만 있었다면 회색빛 인간이 아닌 보랏빛 인간 정도는 되었을 것이다.

 나를 만나는 시간 없이 아기를 돌보는 데만 하루가 다 갔다. 하루에 한 시간만이라도 혼자 있고 싶었다. 그러나 그럴 수 있는 형편이 아니었다. 그 무렵 남편은 야근이 잦았다. 인생에서 그렇게 고요하고 고독한 시간은 처음이었다. 캥거루처럼 아기 띠 안에 아이를 품고 마트에 가는 것이 하루 중 누리는 유일한 즐거움이었다. 서울에서 친구가 온다고 하면 일주일 전부터 설렜다. 친구의 다정한 에너지를 주유 받으면 그 힘으로 일주일은 낙지처럼 활기차게 살 수 있었다. 그러다가 다시 아이를 위해 기계처럼 움직이는 일상이 반복되면 힘을 잃어갔다. 끝나지 않을 것만 같았다. 전처럼 자유로운 시간들은 내게 다시는 오지 않을 것 같았다. 그 터널의 끝이 보이면 힘을 냈을 텐데 아이를 처음 키워봐서 한 치 앞을 알 수 없었다.

시간은 흘러 어느덧 아이와 함께 하는 바깥생활이 가능해졌다. 근처 백화점 문화센터에 등록했다. 아기를 위한 프로그램이었다. 동시에 엄마도 나들이를 할 수 있었다. 수업에 가면 사람들이 있었다. 친구가 되어줄 사람들이 있었다. 온기도 있었다. 아기가 이곳저곳 가로지르며 활보해도 눈치 주는 이가 없었다. 그럴 수 있다며 이해해주는 눈빛이 가득했다. 육아 고민을 함께 나누고 정보도 얻을 수 있는 교육의 장이기도 했다. 섬에서 살다가 사람이 그리울 땐 배 대신 유모차를 끌고 문화센터로 향했다.

외로움을 그대로 두어서는 안 된다. 그대로 두면 순식간에 부피를 키워 삶을 그림자로 덮었다. 아기의 몸짓과 미소를 보고도 무감각하게 만들었다. 그 시절 그렇게 힘들었던 이유가 무엇일까? 생각해보면 아이를 돌보느라 내 모든 시간을 계속 쏟아야만 했기 때문이었다. 쭉 나로서 살다가 순식간에 엄마로만 살아야 했다. 모드 전환이 마치 기계처럼 순식간에 이루어졌는데 인간인 나로서는 시간이 필요했다. 갑자기 변해야 하는 상황과 변해가는 데 필요한 시간 사이에서 흔들렸다.

그렇게 전환된 엄마 모드. 다시 나로 살 수 있는 시간의 끝을 알 수 없어 두렵기도 했다. 고강도의 육아가 계속될 줄 알았다. 밤에 계속 깨는 아이를 보며 나는 영원히 제대로 된 잠을 못 잘 줄 알았다. 밥도 쭉 서서 제대로 음미도 하지 못한 채 마시듯 먹을 줄 알았다. 인간다운 삶을 영위하고 싶은데 기본적인 생존조차 어려운 상황이 끝나지 않을 것만 같았다.

아니었다. 엄마의 시간을 먹고 아이는 무럭무럭 자라났다. 아이가 크면서 엄마에게 없었던 자유 시간도 늘어났다. 또래의 엄마도 사귀면서 감정적인 정체도 풀렸다. 아이가 어린이집에 가던 33개월쯤에는 혼자만의 시간도 주어졌다. 엄마 모드에서 나로도 살 수 있는 시간이 생긴 것이다. 외로운 섬에서 이 년이 넘는 시간을 보냈다. 그 섬에서 나올 수 없을 것이라 여겼지만 시간이 흘러 사람이 많은 육지로 나오게 되었다. 섬 안에서는 몰랐는데, 섬 생활에는 유효기간이 있었다.

한눈팔아도 괜찮아

　육아를 하는 중에 자주 한눈을 팔았다. 딴짓을 했다. 아이가 태어나고는 삶의 대부분의 시간을 아이를 위해 썼다. 몸은 하나였고 매일 출력할 수 있는 에너지의 양은 정해져 있었다. 바닥에 눌어붙은 누룽지를 긁어내듯 내 안에 존재하는 에너지를 끌어모아 하루를 마감했다. 육아는 내가 가진 에너지 그 이상을 요구했다.

　반복되는 바쁜 일상 속에 가끔씩 넋이 나갔다. 멍하니 있었다. 커피를 탈 힘도, 화초에 물을 줄 힘도 없었다. 잠깐의 멍은 다음으로 나아갈 수 있는 휴게소였다.

　내가 닳아 없어지는 기분을 떨쳐내기 위해 딴짓을 했다. 아기가 놀다가 낮잠이 들 때나 밤에 잠이 들면 타자기를 쳤다. 컴퓨터 자판보다 높게 허공에 떠 있는 자판들을 아래로 착륙시켰다. 글자에도 소리가 있었다.

'탁, 탁, 탁, 탁.'

종이에 글자를 새길 때마다 활자들은 내 힘의 세기에 따라 진해졌다가 옅어졌다가를 반복했다. 글과 문장은 하나의 생명 같았다. 자판을 누르면 글이 태어났다.

한번 잘못 누른 글자는 지울 수 없었다. 실수마저도 그대로 종이에 담겼다. 그 모습이 삶과 닮았다고 생각했다. 능숙하지 못했기에 자꾸 오타가 생겼다. 다시 흰 종이를 끼워 처음부터 써나갔다. 한 글자, 한 글자에 온 정성을 기울였다. 집중했다. 머리와 손이 서로 다른 생각을 하지 않고 같은 마음으로 움직여야 온전한 글을 칠 수 있었다. 타자기 속 자판들은 내게 자신을 대충 스치지 말고 오래 들여다보라고 말했다.

사람의 손으로 친 글자들은 눈물을 머금은 듯 촉촉했다. 농도가 있었다. 글자들은 감정이 있는 듯 여운을 남겼다. 글자 주위에 묻은 잉크의 흔적들은 글자의 그림자 같았다. 흔들리는 글자들을 보고 있으면 날마다 서성이는 나를 보는 것 같았다.

―― 매일을 서성인다

하루의 반은 여자가 되어
좋아하는 것 주변을 서성이다가

하루의 반은 엄마가 되어
아이의 눈빛 주위를 서성인다.

그렇게 여자였다가 엄마였다가
둘 사이를 거닐다가
어둠 속으로 들어간다.

타자기로 시를 쓰기도 했다. 날마다 다른 감정의 색을 써내려갔다. 매일의 기분은 매일의 날씨처럼 달랐다. 한순간도 같은 옷을 입고 있는 적이 없었다. 조용한 밤이 되면 그날의 감정 악보를 타자기로 연주했다. 마음속의 말들을 타자기로 떠나보냈다. 그러고 나면 한결 맑아졌다. 그렇게 시작된 딴짓이었다.

끝이 없는 육아 속에서 딴짓을 하면 충전이 되는 것 같았다. 그런데 딴짓도 계절처럼 변해갔다. 아이와 함께 간 에버랜드의 선물가게에서 아이스크림 모양 볼펜을 샀다. 그냥 언뜻 보기에는 볼펜이면서 아닌 척

하는 모습이 귀여웠다. 볼펜의 시치미가 마음에 들었다. 콘 아이스크림 위에 꽂혀 있는 쿠키를 누르면 펜이 나왔다. "아이스크림인 줄 알았지?"라고 나를 향해 말하는 것 같았다.

그 후 시치미와 반전을 품고 있는 볼펜 수집을 시작했다. 어디를 가든 볼펜 코너를 찾았다. 그전에는 관심도 없던 펜 코너였는데 한 번의 눈길이 새로운 세계의 문을 열고 들어가게 만들었다. 햄과 피망이 바삭한 도우 위에 얹힌 조각피자 볼펜, 아크릴 물감인 줄 알고 뚜껑을 돌리면 촉이 나오는 물감 볼펜, 불이 들어오는 기차 볼펜, 당근 볼펜, 튤립 볼펜, 열쇠 볼펜, 칼 볼펜, 뚫어뻥 볼펜, 진짜 머리를 빗을 수 있는 빗

볼펜, 한입 베어 문 초콜릿 조각 볼펜, 성냥개비 볼펜, 주사기 볼펜, 치약이 묻어 있는 칫솔 볼펜, 지우개 가루를 쓸어낼 수 있는 빗자루 볼펜, 빨강 립스틱 볼펜, 바퀴가 달려 굴러가는 자동차 볼펜, 공구함에나 존재할 법한 펜치 볼펜, 몸속 어딘가에서 나온 것 같은 뼈 볼펜, 쓸 때마다 종소리가 나는 종 볼펜, '찰칵' 하고 셔터가 터지는 카메라 볼펜, 알 없는 안경 볼펜, 케첩 볼펜 등등 추억을 실은 볼펜들을 수집했다. 각각 만난 장소가 달랐고 만난 시간이 달랐다. 하나하나 추억을 품고 있어 시간의 기록이기도 했다. 육아의 역사를 볼펜으로 기억할 수 있었다.

수집한 볼펜들은 첫눈엔 볼펜인지 모른다는 공통점이 있었다. 변신술이 뛰어난 아이들이었다. 내가 볼펜 수집을 한다는 것을 안 친구들은 나뭇가지 볼펜 등 다양한 볼펜을 사다 주기도 했다. 글쓰기 수업 중 만난 한 언니는 자신이 가지고 있는 가장 귀한 물고기 볼펜을 선물해주기도 했다. 남편은 학창시절에 우표 수집을 했다며 시댁에 가서 우표가 가득 스크랩된 앨범을 보여주기도 했고, 친구는 학창시절 손거울을 수집했었다며 그 시간들을 늘어놓았다.

현재 나의 딴짓이 그들의 과거 딴짓을 불러왔다. 언젠가 가방을 사지 않고 종이가방을 모으는 사람을 보았다. 물건을 살 때 받는 종이가방은 그녀의 보물이었다. 패션을 완성하는 아이템이 가죽가방이 아닌 종이가방이었다. 나에겐 흥미가 없는 것도 타인에게는 소중한 것이 될 수 있었다. 그녀의 수집은 친환경적이었다. 각기 디자인이 다른 종이가방은 옷마다 잘 어울리기도 했다. 고가의 명품 백을 멜 수도 있고 종이가방을 들 수도 있다. 그 안에는 서로 다른 마음이 존재할 뿐이다.

어떤 날은 타자기에 빠져 살다가 또 어떤 시기에는 볼펜에 빠져 살았다. 소소한 딴짓은 바쁜 일상에서 벗어나 잠시 나만의 방으로 들어가게 했다. 방은 조용했고 오로지 나에게만 집중할 수 있었다. 거기서 처진 기분을 가다듬고 다시 달릴 준비를 했다. 마음의 시동을 걸었다. 육아 중에 방지턱을 만나거나 한없이 기분이 가라앉는 날에는 딴짓을 해보자. 비슷해 보이는 날들 속에서 조금은 다른 자기만의 무늬를 만들 수 있을 것이다.

틈 속에서 나를 찾다

아이와 단둘이 보내는 하루 안에는 괜찮은 엄마와 엉망인 엄마가 함께 있었다. 맛있는 이유식을 만들어주고 싶었다. 오감도 풍성하게 자극시켜주고 싶었다. 아이의 신체적 발달속도도 늦지 않도록 살펴야 했다. 엄마로서 뭔가 해주고 싶은 마음은 부피를 키워갔다. 하지만 직접 만든 이유식은 늘 비슷한 메뉴인 것만 같았다. 아이의 월령에 맞는 수업을 하는 교육기관에 가야 하는 건 아닐까, 고민했다. 시기마다 소아과에서 받는 신체검사에서 아이가 평균에 들지 못하면 초조했다. 감당할 수 없는 욕심들을 부리다가 '하나'도 제대로 할 수 없어 지치곤 했다. 학창시절엔 A 학점을 받으려고 안달하지 않던 나였는데…. 그런데 이상하게 엄마가 되고서는 모든 걸 잘하고 싶어졌다. 그 모습이 스스로도 낯설었다.

터질 듯한 욕심이 버티지 못할 때면 책을 펼쳤다. 책은 커진 욕심을 덜어내주었다. 아이가 낮잠을 자는 시간은 스타카토 같았다. 소설을 읽기에는 짧은 시간이었다. 흐름이 끊겨서 하나의 이야기에 집중하지 못했다. 대안으로 챕터별로 읽을 수 있는 에세이, 자기계발서, 육아 책을 찾아 읽었다. 그 안에서 좋은 글들로 쉼을 얻었다. 다양한 책을 보다가 우연히 마주친 것은 시집이었다. 시는 하나하나 뜯어 먹을 수 있는 티백 같았다. '시'를 우리고 '생각'이라는 찻잔에 따라 마시면 혼란스럽던 마음은 이내 차분해지고 평온해졌다. 아이가 깨면 '시'의 여운으로 다시 힘을 낼 수 있었다. 아이가 낮잠을 자는 그 짧은 틈에는 시 한 편이 딱 좋았다.

'어떤 시를 읽을까?' 고르는 일은 '어떤 하루를 보낼까?'와도 같았다. 도서관에 들러 아이를 위한 이유식 책 한 권을 고르고 나를 위한 시집 한 권을 골랐다. 그렇게 틈틈이 시를 읽었다.

그때 《아기가 살짝 엿들은 말》이라는 시집을 발견했다. 손자들을 바라보는 할머니의 시선이 가득한 시집이었다. 엄마의 시선이 아닌 할머니가 아이들을 바라보는 시선은 오리털 패딩점퍼를 입은 것처럼 포근했다. 덜 차갑고 덜 엄격했다. 살림과 양육을 동시에 해야 하는 엄마는 마음이 퍽퍽할 때가 많다. 할머니는 그 시간을 건너왔기에 어쩐지 여유롭게 아이들을 대했다. 시집을 읽고 있으면 모눈종이같이 촘촘한 마음이 아니라 원고지같이 넓은 마음으로 아이를 바라보고 싶다는 생각이 들었다.

시와 함께한 육아이기에 아이만큼이나 시에게 정이 들었다. 고독의 시간에 곁을 내주었던 시가 친구처럼 고마웠다. 그러다 '시는 어떤 것일까?' 궁금해졌다. 궁금해졌다는 건 좋아졌다는 뜻이다.

아이가 어린이집에 가게 되자 가장 먼저 시 창작 수업에 등록했다. 운 좋게 그 시기에 단국대학교 평생교육원에 시 수업이 있었다. 기다리던 첫 수업시간. 앞 시간에는 선생님이 시를 소개해주시면 학생들은 감상평을 이야기했다. 늘 책에서만 보던 시들이 지면 밖으로 나와 내 곁에 앉아 있는 듯 생동감이 느껴졌다. 혼자 시를 읽는 것도 좋았지만 함께서 더 좋았다. 같은 시라도 누구의 마음 밭에 심기느냐에 따라 감상의 꽃은 다르게 폈다. 뒤 시간에는 각자 일주일 동안 써온 창작시를 발표하고 합평을 했다. 그렇게 시를 쓰기 시작했다. 마음속에 엉클어져 있던 감정이 글이 되어 단정하게 나왔다. 검은색 한글 도형이 이리저리 옮겨 다니며 의미를 만들어냈다. 즐겁고 아름다운 것만 내놓지 않아도 되었다. 딱딱하고 상처 나고 모난 것들마저도 이름이 될 수 있었다. 시는 그런 것이었다.

——— 너를 만난 후

너를 만난 후
나는 가구가 되었다

항상 그 자리에 있어야 했고
튼튼해야 했다

너와 어울려야 했고
어떤 상처에도 견뎌야 했다

서랍 속에
많은 것을 품어

필요할 때마다
내어주어야 했다

이렇게 너를 만난 후
나는 가구가 되었다
엄마가 되었다

아이가 태어나고 늘 함께여야 했던 시간엔 내가 집 안의 가구가 된 것 같은 기분이었다. 아이를 돌보기 위해서 엄마는 아파서도 안 되었고 마음의 상처도 스스로 극복해야 했다. 아이의 작은 뒤척임에도 오뚝이처럼 바로 몸을 일으켜 세워야 했다. 작은 언덕을 오르면서도 금방 지치던 체력은 아이를 안고 온종일 서 있을 만큼 강해져야 했다. 내 안에 감춰져 있던 민감성과 인내력을 발견하게 되었다. 그 시기에만 느낄 수 있는 유일한 감정을 시로 박제해놓았다. 힘겹던 시간을 이렇게 풀어냈다. 감정을 시로 풀어놓으니 꽁꽁 언 마음이 녹는 것 같았다. 신기하게 치유가 되었다.

── 단추 하나, 엄마 하나

스물여덟
엄마의 곁을 떠나왔다

남편의 셔츠에서 떨어진 단추 하나
태어나 처음 꿰매보는 단추

지난날 내가 옷을 사들고 집에 들어서면
엄마는 제일 먼저
단추가 떨어지지 않도록 꿰매주셨다

옷의 단추가 몇 개 없을 때에는 미소 지으셨고
단추가 많을 때에는 한숨을 쉬셨더랬다

그때는 단추는 엄마의 몫이라 여겼고
한숨의 농도를 미처 알지 못했다

밤하늘의 별만큼이나
무수히 스쳐갔을 엄마의 단추들

스물여덟 해
비로소

떨어진 단추 하나에서
나를 향해 쏟아놓았던 엄마의 마음을 본다

그날 내가 단 것은

단추가 아니라

엄마의 사랑이었다

　내가 엄마가 되고 보니 엄마의 마음이 보였다. 보려고 노력하지 않아도 그 자리에 가 있으니 저절로 보였다. 그제야 떨어진 단추에서 엄마의 사랑을 발견했다.

　육아를 하면서 '내가 좋아하는 것이 무엇일까?' 늘 고민했다. 육아를 즐겁게 할 수 있도록 지탱해줄 무언가가 필요했다. 시간이 많지도 않았고 활동 반경도 넓지 않았다. 시간의 한계는 육아의 틈과 틈 사이에서 극복했다. 아이가 낮잠 자는 틈, 장난감을 가지고 노는 틈, 그 사이사이에 작은 마음을 쏟았다. 활동 반경은 동네로 좁았지만 도서관 속 책 안의 세계는 무한했다. 찾고자 하는 마음의 끈을 놓지 않았더니 시가 내게로 다가왔다. 그렇게 시 쓰는 엄마가 되었다.

2장

365일 행복 연습

놀이터를 수집하다

사람은 시기마다 마주치는 풍경이 있다. 성인이 된 후에는 한강에 있는 시간이 많았다. 친구들과 공원에서 자전거를 타기도 했고 돗자리에 앉아 강물의 무늬를 바라보기도 했다. 밤에는 다리에 켜진 색색의 빛의 자수를 바라보며 꺼진 마음을 밝히기도 했다.

성인이 된 후 놀이터는 나와 전혀 상관없는 공간이었다. 아무 의미 없이 느껴지는 전봇대처럼. 일을 하고 집으로 돌아가는 밤, 텅 빈 놀이터를 바라보며 '저렇게 아무도 없는데 왜 만들어놓은 걸까?' 하고 생각했다. 이십 대 때에는 낮 동안 그 공간에서 무슨 일이 일어나는지 몰랐다.

시간이 흘러 엄마가 되자 삶에서 무의미했던 놀이터는 없어서는 안

되는 공간이 되었다. 아기가 아장아장 걷기 시작할 때부터 초등학생이 될 때까지 아이가 가장 사랑하는 공간이었다. 나는 그곳을 주방만큼이나 자주 들락거렸다. 엄마가 된 내게는 놀이터가 삶의 주 무대가 되었다. 놀이터에서 뛰어노는 아이를 보고 있으면 '나도 어린 시절 이곳에서 많은 시간을 보냈겠구나' 하는 생각이 들었다. 딸을 보는 것만이 아니라 나를 보는 시간이기도 했다.

아이의 키가 작아 미끄럼틀 계단에 발이 닿지 않으면 아이를 들어 올려 미끄럼틀을 태웠다. 흔들다리도 혼자 건널 수 없으니 나는 아이가 멘 가방처럼 뒤에 붙어서 함께 건넜다. 유치원이 끝나면 꼭 놀이터에 들렀다. 아이들에게 놀이터는 엄마들의 카페 같은 곳이었다. 휴식처였고 친구들과 어울릴 수 있는 공간이었다.

친구네 집에 놀러 가던 날, 그 아파트 놀이터에서 그네를 발견했다. 우리 동네 놀이터에는 그네가 없었다. 아이는 새로운 것을 발견하자 눈이 휘둥그레졌다. 본 적 없는 세상이 열린 것이다. 아이는 그네를 타고 또 탔다. 하늘이 문을 닫지 않았다면 밤새 탈 것 같았다. 그때 알았다. 우리나라의 놀이터는 획기적으로 다른 형태를 띠고 있지는 않지만 동네마다 구성하고 있는 놀이기구들이 조금씩 다르다는 것을…. 그때부터 놀이터를 수집하기 시작했다. 목적지를 정해놓고 나들이를 가다가도 풍경 속에 놀이터를 발견하면 멈추었다.

워터파크처럼 구불구불 긴 미끄럼틀은 속도감이 빨라서 바람을 두 배로 느낄 수 있었다. 작은 트램펄린이 땅에 박혀 있는 곳도 있었다. 트램펄린에서 점프를 할 때 아이는 "새가 된 것 같아"라며 날갯짓을 했다. 또 어떤 놀이터에는 두 기둥에 줄이 매달려 있어서 이쪽에서 저쪽으로 하강하는 기구도 있었다. 놀이공원에서나 탈 수 있을 법한 기구를 동네 놀이터에서 만나기도 했다. 그네처럼 앉아서 하강하기도 했고 서서 타면 뒤에서 밀어주는 아이도 있었다. 조금 큰 아이들은 지그재그로 리듬감을 실어 역동적으로 탔다. 아이들마다 타는 방법들이 달랐다. 나는 다양성을 관람했다. 인기가 많은 놀이기구는 줄을 서서 타야 했기에 아이는 그 안에서 질서를 배우기도 했다. 거대한 그물이 쳐져 있는 놀이터에서는 아이들이 거미가 된 듯 선과 선을 가로질렀다. 그물에 빠지지 않으려고 섬세한 주의를 기울이기도 했다. 놀이터의 세계는 다채로웠다. 보려고 하니 계속 새로운 것이 보였다. 즐기려고 마음먹으니 끝없는 즐거움이 쏟아졌다.

아이가 좋아하는 놀이터에 관심을 갖게 되자 기다리느라 지루했던 과거와는 달리 같이 즐길 수 있는 곳이 되었다. 아이는 신나게 놀아서 좋고, 엄마는 다양함을 수집해서 좋았다. 관심은 또 다른 관심을 낳았다.

아이의 성장과정에 있어 놀이터는 오랜 시간 함께한다. 그곳에서 친구들과 웃고, 울고, 싸우고, 어울리며 무럭무럭 자라난다. 학교처럼 정해진 틀이 없기에 아이는 더 자유롭다. 때로는 갈등 속에서 스스로의 다양한 모습을 발견하기도 한다. 아쉽게도 놀이터는 어릴 때는 가까이에 있지만 아이가 성장하면 멀어져갈 것이다. 지금의 모든 시간이 소중하듯 훗날 놀이터와 함께한 시간도 소중해질 것이다. 아이와 내가 놀이터 수집을 행복의 한 방법으로 찾았듯, 각자가 아이와 소중한 시간을 보내는 자기만의 방법을 찾아보는 건 어떨까?

자연에 반하다

아이가 말을 시작한 지 얼마 지나지 않은 때였다. 길을 지나가는데 한 아름의 꽃이 진한 향기를 내뿜고 있었다. 아이에게 꽃향기를 맡아보라고 하자 크게 숨을 들이마셨다. 아이의 감상이 어떤지 궁금해서 물었다.

"향기가 어때?"
"맛있어."

노란 국화꽃 향기가 맛있다고 했다. 다섯 살 아이가 가지고 있던 단어 중에서 하나를 고른 것이었다. 꽃향기를 맡으며 '향기롭다'가 아닌 '맛있다'고 표현하는 것을 보며 자연의 달콤함과 짭조름함을 상상해보았다.

    자연은 그 자체로 경이롭다. 바라보는 것만으로도 감탄이 쏟아진다. 엄마이기 전에 자연은 1인분의 자연이었다. 혼자 바라보고 혼자 생각했다. 그러나 아이와 함께 바라보는 자연은 2인분이 아닌 8인분, 16인분 이상이었다. 각자가 반하는 나무, 꽃, 새를 가리키며 함께 감탄하니 자연의 크기가 점점 커졌다.

    "어린이에게는 자연에 대해 함께 놀라워할 한 사람 이상의 어른이 있어야 한다"고 미국의 생물학자인 레이첼 카슨이 말했다. 맞는 말이지만 아이와 함께 다니다 보면 이런 생각도 들었다. '어른에게도 자연에 대해 함께 놀라워할 한 사람 이상의 아이가 있어야 한다'고 말이다.

    아이와 숲속 황톳길을 걸을 때였다. 아이는 숲에만 오면 다람쥐가 되었다. 늘 바닥을 보며 도토리를 주웠다. 그날도 어김없이 땅에 떨어진 도토리를 줍기 시작했다. 우리의 손에는 방금 다 먹은 홈런볼 과자 그릇이 있었다. 직사각형의 플라스틱 그릇으로 바닥은 작은 네모들로 칸칸이 나누어져 있었다. 마치 준비라도 한 듯한 도구였다. 칸 안에 도토리가 딱 들어갔다. 한 칸, 한 칸 도토리를 차례대로 넣었다. 그 모습을 보며 아이가 말했다.

    "엄마, 여긴 도토리 호텔이야."

"그러네. 방마다 도토리들이 체크인을 했네."

나는 맞장구를 쳤다. 아이들은 자연을 통해 자기만의 상상력을 펼쳐 나갔다. 어느 날은 기차역을 가고 있었다. 벽이 담쟁이넝쿨로 덮여 있었다. 거대한 초록 벽지 같았다. 담쟁이 하나가 손을 내밀듯 튀어나와 있었다. 아이는 잎사귀 하나를 만지며 말했다.

"엄마, 초록 깃털이 여기 매달려 있어."

깃털은 새와 닭, 오리에게만 있는 것이 아니었다. 조류의 깃털을 식물의 것이라 여기는 일은 어른에게는 몇 번의 사유를 거쳐야 가능한 일이었다. 아이는 여러 번 생각하지 않아도 바로 그렇게 보였다. 벌레가 먹어 구멍이 뚫린 잎에서도 아이는 이야기를 발견했다. 추상적이고 무의미한 구멍은 '악어'가 되고 '사탕'이 되었다. 순식간에 나뭇잎은 벌레가 그려놓은 그림책이 되었다.

싱가포르에서 본 나무는 가운데 기둥을 중심으로 끝에 가지가 직선으로 뻗어 나가는 것이 아니라 머리카락처럼 쏟아져 내렸다. 수십 개의 가지가 폭포처럼 흘러내리는 모습이었다. 처음 보는 형태였다. 나는 아이에게 "밧줄 나무 같아"라고 말했다. 여러 개의 단단한 밧줄이 매달려 있는 모습이었다. 아이는 자기가 보기에는 '연세나무' 같다고 했다.

연세나무? 연세나무는 아빠가 어깨가 아파서 다니던 병원 이름이었다. 그걸 말하는 건가 싶었는데 아니었다. 왜 연세나무냐고 물었더니 이렇게 대답했다.

"나이가 많~~~~~~은 나무잖아."

나무는 아이 키의 일고여덟 배가 되는 높이였고 그 폭도 운동장을 접어 둘러놓은 것처럼 넓었다. 거대한 크기의 나무를 보고 세월을 유추한 이름이었다. 할머니, 할아버지 나무가 아닌 연세나무였다. 나는 오해를 했다. 내 안의 있는 경험만으로 아이의 상상을 재단했다. '연세'라는 단어는 대학교, 병원, 학원에만 붙이는 것이 아니라 나무에도 붙일 수 있었다. 자연은 끊임없이 아이들에게 말을 걸어온다. 아이들은 그 대화에 쉽게 응한다. 금방 친구가 된다.

봄날, 벚꽃이 흩날리던 강가에 남매가 놀고 있었다. 마침 우리가 그 옆을 지나고 있었는데 아이들의 이야기 소리가 들려왔다. 동생이 바닥에 떨어진 하얗기도 하고 분홍빛이기도 한 꽃잎들을 만지며 이렇게 말했다.

"오빠, 이건 녹지 않는 눈이야."

하얀 눈에서 부피를 덜어낸 벚꽃은 얇아졌다. 아이의 말로 다시 태어났다. 눈은 겨울 내내 내리고도 아쉬워 다른 모습으로 봄에 찾아온 것이다. 아이의 말들은 다 시가 되었다.

여름날 바닷가로 놀러 나간 아이와 나는 모래사장에서 한참을 뛰어놀았다. 특히, 파도와 '우리 집에 왜 왔니?' 놀이를 했는데, 파도가 다가오면 뒷걸음질 치고 파도가 물러가면 물가로 다가서는 것이었다. 집으로 돌아가는 길, 아이는 동시 하나가 떠올랐다고 했다.

——— **파도**

파도가
신이 났나 보다

넘실넘실
춤을 춘다

자연은 아이들 마음속에 숨어 있는 다른 마음을 불러온다. 그것이 영감이 되어 아이들 스스로 예술가가 되도록 한다. 가을이 되어 숲에서 만나는 솔방울은 옥수수도 되었다가 귀고리도 되었다가 코끼리 코가 된다. 돌멩이 두 개는 눈이 되고 솔방울은 치아를 드러내고 활짝 웃는

입이 된다. 소꿉놀이를 할 때의 돌멩이는 떡국이 된다. 나뭇잎은 접시가 되고, 가스레인지도 된다. 나뭇가지는 젓가락이 되었다가 시곗바늘도 된다. 자연 속 소재들은 마트의 장난감처럼 화려하진 않지만 변신이 자유롭다. 또한 마음껏 가지고 놀다가 다시 자연에게 돌려줄 수 있다.

아이들은 자주 자연에 반한다. 어른들도 틈틈이 자연에 반한다. 하루 중 산책길에, 퇴근길에 마주치는 잠깐의 자연은 하루의 피로를 잊게 한다. 매일 저녁 하늘에는 거대한 캔버스의 예술작품이 펼쳐진다. 하늘을 올려다보고 창문을 여는 사람에게 노을은 차별하지 않고 팔레트에는 없는 물감을 풀어 그림을 보여준다.

좋은 것만 내어주는 자연은 사람의 마음을 다독이기도 한다. 아산의 은행나무 길을 산책하다가 어느 집 마당을 들여다본 적이 있다. 낙엽은 그 집 마당에도 가득했다. 낙엽은 누군가에게는 치워야 할 말썽꾸러기지만 그 집에서는 달랐다. 노란 은행잎을 커다란 하트 모양으로 모아서 마당에 카펫처럼 깔아놓았다. 설치미술 작품 같았다. 노란 마음은 그 집 마당을 지나는 사람들에게 고스란히 전해졌다. 몇 해 전 바라본 장면이었지만 매번 가을이 되면 그 집 앞의 하트 은행잎이 떠오른다.

아이를 통해 배운 자연미술을 어느샌가 내 삶에도 적용해본다. 커튼을 통과한 그림자를 손 위에 올려본다. 그러자 예쁜 레이스 장갑이 끼

워졌다. 나무 열매는 달콤한 음표 같아 보인다. 빨강 음표, 노랑 음표, 보라 음표. 음표의 맛을 상상해본다. 하늘을 보며 어제의 구름이 낳은 오늘의 구름을 들여다보다가 발아래 꽃들의 드레스를 바라본다. 그러다가 드는 생각은 수첩에 적어보기도 한다.

―― 꽃들의 옷

지난 계절에 입던
초록 코트 벗으니

빨강 원피스가
차르르르

보라 스커트가
휘리릭

노랑 블라우스가
샤랄랄라

화사한 옷들이
가득한 길가는

어느새
봄 백화점이 되었어요

자연은 늘 그 자리에 있으면서 변주곡을 만들어낸다. 비슷해 보이지만 하루도 같지 않은 자연을 바라보며 반했고, 자연에서 노는 아이들의 다채로움에 반했다. 커피를 마시듯 하루 한 잔의 풍경을 마셔보자. 그러다 보면 육아 중에도 일정량의 행복을 내 것으로 만들 수 있다.

놀이를 개발하다

아이가 유아기일 때였다. 날마다 아이와 노는 법을 궁리했다. 자는 시간을 제외하고 하루 종일 함께 있다 보니 시간을 그저 흘려보낼 수만은 없었다. 아이의 성장에 조금이라도 더 보탬이 되고 싶었다. 지구에 도착한 아이는 모든 것이 신기한지 서랍장 안, 변기 안, 쓰레기통, 신발장 등등 신대륙을 탐험하듯 이곳저곳을 누비고 다녔다. 아이의 탐사 도구는 입과 손이었다. 그것들로 사물들을 흡수했다.

매달 필요한 육아용품을 구입했지만 부족했다. 장난감은 넘치는 시간을 다 채워줄 수 없었다. 아이는 잘 놀다가도 금방 싫증을 냈다. 그때부터 나는 '놀이 개발자'가 되었다. 입사해본 적 없는 분야의 업무능력을 키워갔다. 집 안의 도구들을 활용해서 놀이를 만들었다. 고객은 내 앞에 있었다. 먼저 아이가 하는 행동을 관찰한 후 그것에서 힌트를 얻어 아이디어를 확장해나갔다. 고객의 니즈에 맞게 움직였다. 아이가 어릴 때는 나의 행복을 외부보다는 내부에서 찾았다. 날마다 작은 놀이들을 개발하며 능동적으로 움직이고 실행했다. 아이의 반응이 바로바로 보이니 작은 성취감도 들었다. 그렇게 탄생한 몇 가지의 놀이를 소개해 본다.

나는 건축가

아이가 나무 블록을 쌓으면서 놀았다. 그 모습에서 힌트를 얻어 컵라면이나 치약 상자, 과자 상자, 반찬통 등 다양한 쌓기 재료들을 제공했다. 쌓는 행위는 같지만 물건의 모양과 무게가 달라지니 새로운 건축 놀이가 되었다. 매번 처음 보는 물건이라 오랜 시간을 가지고 놀았다.

뽑고 또 뽑기

아이가 스스로 각티슈 속 휴지를 뽑고 두루마리 휴지를 풀기 시작하는 시기였다. 휴지는 아이의 손을 거치면 찢어져서 쓰지 못하게 되었다. 그래서 다른 대안으로 비닐봉지가 든 상자를 주고 마음껏 뽑게 했다. 뽑아낸 비닐봉지는 하늘로 날렸다. 그렇게 바닥에 널브러진 비닐은 다시 상자에 하나씩 넣었다. 이 방법은 뽑기-날리기-넣기의 세 가지 코스가 되었다.

끼우기 놀이
- 기둥에 링을 끼우며 노는 장난감이 있었다. 주변에서 같은 형태의 물건들을 찾았다. 쓰지 않는 CD가 꽂혀 있는 보관함을 발견했다. 같은 방식으로 끼우면서 놀았다. CD의 두께가 얇아서 아이가 한 장 한 장 잡을 때 손의 정교함이 필요했다.
- 다 쓴 각티슈 상자 바닥에 저금통처럼 구멍을 뚫었다. 저금통에 동전을 넣듯 카드를 한 장씩 넣으며 놀았다.
- 사방으로 구멍이 뚫린 바구니(목욕탕 바구니)에는 나무젓가락이 딱 들어갔다. 수많은 구멍에 나무젓가락을 하나씩 꽂았다. 다 꽂으면 바구니는 고슴도치처럼 삐쭉빼쭉한 형태가 되었다.

하늘에서 밧줄이 내려오면
유아기에는 모빌처럼 움직임이 있는 것들에 관심을 갖는다. 그 특징을 보고 안전하면서도 흔들리는 것이 무엇이 있을까 고민했다. 투명한 테이프를 천장에 붙여서 아이의 손이 닿을 만큼 쭉 늘어뜨려놓았다. 한 면에 끈적임이 있으니 색종이 같은 것들을 붙였다. 정글 속 넝쿨처럼 내가 이쪽에서 끈을 놓으면 아이는 저쪽에서 받았다. 움직이는 끈을 잡으려고 집중했다.

우산을 뒤집으면
어느 날 지붕처럼 쓰기만 했던 우산을 아이가 거꾸로 뒤집어 들고 다녔다. 뒤집으니 큰 바구니 같았다. 그 모습을 보고 우산도 장난감이 될 수 있구나 생각했다. 아이들 우산은 우산 끝마다 찔리지 않게 동그란 플라스틱으로 마감을 해놓아서 위험하지 않다. 아이가 한 것처럼 우산을 뒤집었다. 여덟 개의 모서리에 고리가 있는 장난감 컵이나 열쇠고리 등을 매달며 놀았다. 또 우산은 인형들의 텐트가 되기도 했다.

편지 왔어요

아이가 이십오 개월 무렵 외출 후 집으로 돌아가는 길이었다. 수많은 우편함이 모여 있는 아파트 1층에서 아이가 멈춰 섰다. 우편함 속 편지가 궁금했는지 그 안을 들여다보다가 꺼냈다. "그건 우리 거 아니에요"라고 말하면 아이는 다시 제자리에 넣었다. 그렇게 이 집, 저 집의 우편물을 빼고 넣고 하며 놀았다. 십 분 집배원이 되었다.

(주의: 우편물이 손상되지 않도록 조심해야 하고, 꺼낸 곳에 다시 잘 집어넣어야 한다.)

열두 개의 골대

설이나 추석이 되면 각종 선물세트를 받는다. 그 안에는 스팸이나 치약, 샴푸처럼 내용물을 빼면 물건의 형태 그대로 움푹 들어가 있는 플라스틱들이 있다. 바로 재활용통에 버리지 않고 칸마다 번호를 써서 활용했다. 양말을 동그랗게 말아서 공을 만들고 농구처럼 칸에 공을 넣으며 놀았다. 점수의 합산으로 이기는 게임이었다. 양말 공은 소리가 나지 않아 시끄럽지도 않았다. 아이 어른 할 것 없이 모두가 즐길 수 있는 놀이다.

김 아트

아이가 반찬인 김을 먹다가 '쭉쭉' 찢어서 내게 보여주었다. '나비'라고 했다. 김의 형상이 그렇게 보인 것이다. 나도 밥을 먹다 말고 김을 찢었다. "이건 뭘까?" 물었다. 아이는 "나뭇잎"이라고 답했다. 그렇게 김 아트가 탄생했다. 김을 어떻게 찢든 닭, 코끼리, 컵 등등의 검은 그림자가 되었다.

석류 아트

아이가 석류를 좋아했다. 톡톡 터지는 식감을 재미있어 했다. 석류는 특유의 영롱한 빛깔을 가지고 있다. 붉은 알맹이로 하얀 도화지에 그림을 그리면 어떻게 될지 궁금했다. 아이에게 몇 번 시범을 보여주니 잘 따라했다. 석류 알을 굴리기도 하고 눌러서 터뜨리기도 했다. 그렇게 놀다 보니 커다란 캔버스 위로 물감을 흘리고, 끼얹고, 튀기고, 쏟아 부으면서 그림을 그리는 잭슨 폴록의 그림처럼 추상화가 되었다. 시간이 흐른 뒤 도화지 위의 붉은 빛깔이 보랏빛으로 변해가는 것도 신기했다.

워터 아트

햇볕이 뜨겁게 내리쬐는 여름이면 물을 가득 넣은 통과 수건을 가지고 밖으로 나갔다. 집 앞에는 배드민턴 코트가 있었다. 더운 날씨에 사람들이 잘 이용하지 않아 대부분 비어 있었다. 초록색의 코팅된 바닥은

커다란 도화지가 되었다. 아이와 물에 흠뻑 적신 수건을 들고 바닥 위를 질질 끌고 다녔다. 달리기도 했고 빙글빙글 돌기도 했다. 물은 투명한 물감이 되었다. 초록 코트 위, 더 진한 초록이 되어 아이를 졸졸 따라다녔다. 그렇게 물 그림이 탄생했다. 그림을 그리다 보면 어느새 뜨거운 태양은 좀 전에 그려놓은 그림을 지웠다. 우리는 아랑곳하지 않고 그리고 또 그렸다. 물 한 통을 다 쓰면 다시 받아와 다른 그림을 그리며 놀았다. 물 발자국도 찍고 컵에 물을 담아 바닥에 뿌리기도 했다.

꼬마 사진사

위에 소개한 놀이들은 내가 아이를 위해 생각해낸 것들이다. 그런데 이번에 소개할 놀이는 아이가 내게 가르쳐준 놀이다. 세상에서 하나뿐인 독창적인 사진을 간직하고 싶다면 한번 해보길 권한다.

친구들이 집에 놀러 왔다. 시간을 내어 멀리까지 와주었다. 나는 파티 준비를 하듯 벽에 그림도 붙이고 천장에 초록색의 크고 작은 파티볼도 달고 케이크와 크리스마스 한정 패키지의 커피도 준비했다. 시간과 공간에 정성을 들여 손님을 맞을 준비를 했다. 오랜만에 누려보는 친구들과의 달콤한 시간을 간직하고 싶었다. 예쁜 배경으로 사진을 찍고 싶었다. 그때 네 살이었던 딸에게 사진을 찍어달라고 했다. 키가 작았던 꼬마 사진사는 그날 처음 사진기를 들었다. 미니 붕어빵 같은 손으로 우리 셋을 찍어주는데 어쩐지 핸드폰 카메라의 각도가 얼굴이 아닌 아래를 향해 있는 듯했다. 불안했다. 다 찍었다기에 사진을 확인했다. 사진 안에는 우리의 얼굴은 없고 각기 다른 굵기의 다리 여섯 개가 덩그러니 찍혀 있었다. 이런 사진이 나올 것이라고 그 누구도 예상하지 못했다. 비록 얼굴은 나오지 않았지만 살면서 한 번도 찍어본 적 없는 다리 사진을 보니 이색적이었다. 기막힌 다리 사진을 보며 우리는 도미노처럼 쓰러져가며 웃었다. 꼬마 사진사는 예술혼이 충만했다. 아이에게 한 번 더 찍어달라고 했다. 셔터를 누르려는 순간 친구가 아이의 시선에 맞게 얼굴을 바닥에 댔다. 그녀의 행동을 보며 나와 한 친구도 바닥에 엎드렸다. 어떻게든 얼굴 사진을 찍고 싶었다. 그 긴박했던 순간의 표정과 추락하는 얼굴은 생동감 있게 사진에 담겼다. 그 사진은 살면서 한 번도 가져본 적 없는 소중한 사진이 되었다.

아이를 바라보고 아이를 생각하며 놀이를 만들었다. 내가 만든 게임을 아이가 온전히 즐기며 웃음을 보여줄 때 레고 디자이너라도 된 듯 뿌듯했다. 한데 내가 만들어주었다고만 생각했던 그 시간들은 오히려 아이로부터 기쁨을 받는 순간이었다.

아이의 유아기라는 시간 안에서 소유할 수 없는 바깥세상을 바라보면 시간이 내게만 늦장을 부리는 것 같았다. 그래서 밖이 아닌 안을 보자고 생각했다. 아이와의 관계 안에서 더 깊은 시간들을 쌓아가기로 마음을 바꿨다. 행복은 방향성을 가지고 있었다. 내가 어디를 바라보느냐에 따라 그림자든 무지개든 다른 장면들을 보여주었다.

선배 엄마에게 위로받다

 한 치 앞을 모르는 육아에서는 그 길을 먼저 가본 육아 선배의 이야기가 큰 도움이 되기 마련이다. 첫아이를 낳고 키우는 과정은 모든 엄마들에게 초행길이다. 앞에 어떤 방지턱이 있는지, 어느 길에서 꺾어야 하는지, 언제 터널이 나타나는지도 모른 채 운전을 한다.
 수험생이던 때도 언니나 오빠를 둔 친구들은 입시를 어떻게 준비해야 하는지 알고 있는 듯했다. 지켜본 경험이 도움이 된 것이다. 육아도 같았다. 친언니나 주변의 가까운 지인이 아이를 먼저 낳으면 옆에서 지켜보는 것만으로도 큰 도움이 된다. 어떤 일이든 누군가의 경험을 뒤따라가면 홀로 길을 만들어가는 것보다 수월하다.

 스물아홉, 내가 임신을 했을 때 주변에 아이를 낳은 친구는 한 명뿐이었다. 그 친구가 홀로 걷고 있던 육아의 길은 내게 손전등이 되어주었다. 친구는 우리 아이보다 한 살 많은 딸을 키우고 있었다. 우리 아이도 딸이었기에 친구가 간 길과 무늬가 비슷했다. 출산 후 밤낮 없이 아기를 돌보느라 잠을 제대로 잘 수 없었다. 인간의 가장 기본적인 욕구는 수면 욕구라는 것도 그제야 알게 되었다. 밤에 엄마가 잠을 자야 건강한 정신력과 체력으로 다음 날 아기를 돌볼 수 있다. 그런데 몇 개월 동안 잠을 제대로 못 자자 몸의 면역력이 떨어졌다. 온몸에 두드러기가 났다. 두드러기가 난 적은 한 번도 없었는데 무너지는 정신력이 몸으로 옮겨간 것 같았다.

'언제쯤 잠을 푹 잘 수 있을까?' 궁금했다. 그 말은 '아이가 규칙적으로 잠드는 시기는 언제일까?'와 같은 물음이었다. 지금 바로 앞에 마주한 고민이었다. 얼마 전 같은 길을 간 친구가 떠올랐다. 물어볼 곳은 친구밖에 없었다.

출산 후 백 일이면 아이의 신체리듬이 자리를 잡아간다고 했다. 온몸의 두드러기를 바라보며 그녀의 희망적인 말이 이루어지기를 바랐다. 일단 백 일의 목표만 바라보았다. 한데 친구의 말대로 그 무렵 잠을 규칙적으로 자기 시작했다. 새벽에 시도 때도 없이 일어나야 했던 지난날과는 다르게 한 번만 깨면 되었다. 아기는 점점 지구의 생활에 적응해 나갔다. 그때부터 육아를 하다가 방지턱을 마주칠 때면 친구에게 SOS를 쳤다.

"요즘 들어 열도 없는데 아픈 것처럼 계속 울어. 왜 그러는 거야?"
"이가 날 때가 돼서 그럴걸."

아이가 구 개월 즈음에는 고함을 질렀다. 장소를 가리지 않고 소리를 질러서 밀폐된 버스는 타지 못했다. 기차를 탔다. 기차는 칸마다 연결통로가 있어서 소리를 지를 때면 승객들을 피해 밖으로 나올 수 있었다. 하도 소리를 질러서 아이의 목도 아플 것 같고 언제까지 이러는 것인지 불안했다. 또 친구에게 전화를 걸어 물어보았다.

"네 딸도 이 시기에 이렇게 소리 질렀어? 계속 이렇게 돌고래 같은 고함 소리를 내는 거니?"
"우리 아이도 그랬어. 쭉 그러진 않아. 조금 지나면 안 그러더라."

그녀의 말을 믿을 수가 없었다. 음식점에서든 마트에서든 외출만 하면 소리를 질러서 주변 사람들의 이목을 집중시키는 일이 딸의 주된 일상이었다. 그러나 얼마 지나지 않아 친구의 예언대로 언제 그랬냐는 듯 아이 안의 사자는 사라졌다. 그 후 길을 가다가 소리치는 아기를 보면 입가에 미소가 지어졌다. 안절부절못하는 엄마를 보며 그때의 나를 떠올렸다. 그리고 친구가 내게 해준 말을 하고 있는 나를 발견했다.

"조금 있으면 괜찮아져요."

아이가 첫돌을 맞았을 때 고열에 시달려서 며칠을 끙끙 앓았다. 친구는 '돌앓이'라고 했다. 마치 예습을 마친 모범생처럼 답안을 척척 내놓았다. 초보운전같이 모든 게 서툴고 막막한 육아의 길에 그녀의 말은 내비게이션이 되어주었다. 지쳐 있을 때는 위로가 되어주었다.

아기였던 딸은 담쟁이넝쿨처럼 자라서 어느덧 초등학생이 되었다. 여전히 초등학생 엄마를 처음 해보는 나는 매번 새로운 일들에 부딪히곤 한다. 아이의 키만큼이나 엄마의 궁금증도 커져만 갔다. 그럴 때마다 주변의 다양한 육아 선배들이 들려주는 이야기를 듣는다. 이론적으로 도움이 되는 것이 책과 강의라면 실생활에서 바로 적용되는 것이 육아 선배들의 말이었다.

우리 아이보다 한 살 많은 아이를 키우는 엄마에게는 교과과정 준비를 배웠다. 한글은 언제쯤 숙지해야 하는지, 구구단은 언제 나오는지, 교과서 영어의 수준은 어떤지 등등 눈앞에 닥친 일을 물어보고 준비할 수 있었다. 한 엄마는 아이가 글자를 바로 쓰도록 가르치라고 했다. 선생님이 아이의 정답을 못 알아보고 오답 처리를 하는 경우도 있다는 것이었다. 나중에 교정하려면 잘 안 된다고 했다. 그러니 그 같은 시행착오는 하지 말라며 처음부터 바르게 쓰도록 가르치라는 거였다. 선배들은 자신의 경험을 공유하며 내가 돌아가지 않도록 조언해주었다.

중학생 아이를 둔 엄마로부터는 사춘기 아이와의 생활에 대해 배웠다. 초등학교 때는 아이와 의견 충돌이 없었다고 했다. 착실하고 모범적인 아이였다는 것이다. 그런데 아들이 중학생이 되고 나서 갈등이 시작되었단다. 엄마를 바라보는 눈빛이 달라지고 등교 시간에 늦는 일이 잦아지고 학교생활에서도 벌점이 쌓여간다고 한숨을 쉬었다. 걱정하는 엄마에게 같은 길을 지나온 아들 둘을 키우는 선배 엄마가 과거를 회상하며 말했다.

"지금 당장은 힘들겠지만, 시간이 지나면 아이들은 제자리로 돌아와. 달라진 눈빛도 돌아오더라. 엄마는 널 믿는다, 널 믿는다, 하고 계속 말해주어야 해. 아이가 안 듣는 것 같지만 그 말이 아이에게 스며들더라고…. 말만큼 큰 힘을 발휘하는 건 없어."

내겐 아직 먼 미래의 이야기였지만 함께 들으며 미리 예습을 했다. 언제 꺼내 쓸지 모르는 말이니 마음속에 새겨두었다. 물론, 아이마다 성향이 다르기 때문에 저마다 다른 상황이 펼쳐질 것이다. 그러나 다양한 상황을 미리 간접 경험하는 것도 좋을 것 같았다.

모든 엄마들이 각자의 자리에서 아이들을 잘 키우려고 노력할 것이다. 하지만 자신이 잘 가고 있는 건지 궁금할 때가 많다. 그럴 때 나보다 한 발짝 먼저 간 사람들이나 혹은 더 멀리 간 사람들의 이야기를 들어보면 어떨까? 엄마로서 어떤 방향으로 가야 할 것인지 알 수도 있고,

혹시라도 잘못된 길로 접어들었다면 되돌아나올 수도 있을 테니까. 너무 눈앞의 것만 보느라 놓쳐버린 중요한 것들을 돌아볼 수도 있고 말이다. 우리 곁에 존재하는 육아 선배들은 우리가 가는 길을 이미 걸어온 사람들이다. 엄마의 마음을 누구보다 더 잘 알기에 진심으로 들어주고 자신의 경험을 아낌없이 나누어준다. 그녀들과 함께일 때 혼자 했던 고민은 줄어들고 아이의 마음을 읽는 유연한 태도는 길러진다.

하루 한 개, 위트를 발견하다

아이에게 밥을 챙겨 먹이고 더러워진 옷을 갈아입혔다. 간식을 챙겨주는 동안 바닥에 흘린 음식물과 식탁 위의 흔적을 지웠다. 쌓인 설거지를 하고 돌아서면 장난감이 거실 한가득이다. 장난감은 먼지처럼 치워도 다시 쌓여갔다. 엄마는 쉴 시간도 없고 스스로를 돌볼 시간도 없다. 엄마의 시선과 생각과 몸은 작은 우주를 향해 있어야만 했다. 엄마는 말 그대로 아이를 위해 존재했다. 사랑스러운 생명체는 식물처럼 혼자 크지 않았다. 끊임없이 돌아가는 공장처럼 엄마의 몸과 마음을 가동해야 했다. 그래야 아이는 자라났고 빛이 났다.

그렇게 반복되는 생활 끝에 드디어 변화가 찾아왔다. 아이가 어린이집에 가게 된 것이다. 온전한 자유를 맛볼 수 있는 첫날이었다. 이 년이 넘는 시간이 걸렸다. 늘 보던 풍경들이 하나하나 통통 튀어올라 말을 걸었다.

쫓기듯 장을 보지 않아도 되었다. 마트의 음료 패키지를 오랫동안 바라보며 감상에 젖어도 되었다. 식은 커피가 아닌 너무 뜨거워서 입술을 델 것 같은 아메리카노를 마실 수 있다니…. 별것 아닌 것에도 눈물이 났다. 다시는 이런 시간이 없을 줄 알았는데 어느새 내 앞에 와 있었다.

도서관 수업에서 만난 지인의 이야기였다. 아이 둘이 어린이집에 등원하기 전날 밤, 그녀는 그동안 제일 하고 싶었던 게 무엇인지를 고민하느라 밤잠을 설쳤다고 했다. 그리고 다음 날 그녀는 아이들을 등원

시킨 후에 곧장 뷔페로 향했다는 것이다. 아무리 생각해봐도 제일 하고 싶은 건 혼자만의 식사였단다. 그때까지 아이들을 챙기느라 밥이 입으로 들어가는지 코로 들어가는지도 모르고 끼니를 때워왔기 때문이었다. 뷔페 입구에서 "몇 분이시죠?"라는 종업원의 물음에 당당히 "혼자요"라고 말하며 입장했단다. 뭘 먹을까 고민하며 먹음직스러운 음식들을 하나하나 접시에 담았다는 그녀. 음식은 보고만 있어도 팔레트 위의 물감처럼 예뻤다고 했다. 채소의 슴슴하지만 감칠맛 나는 맛과 달콤한 디저트까지 천천히 맛보았단다. 서두를 이유가 없었던 것이다. 두 시간 동안 아무에게도 방해받지 않고 오로지 먹는 것에만 집중했다고 했다. 그동안 간절히 원한 식사다운 식사로 아이들 등원 첫날을 마무리했다고 웃으며 얘기했다.

    결혼 전 혼자일 때는 다채로운 자극으로도 쉽게 만족할 수 없었다. 그런데 아이를 낳고는 작은 것에도 호들갑을 떨었다. 자유롭게 서점에 가서 책 한 권을 고르고 영화 한 편을 보는 것만으로도 행복이 거품처럼 커졌다. 먼지같이 작은 일에도 너무 쉽게 고맙고 소중한 마음이 들었다. 육아를 경험하고서는 삶을 대하는 자세가 달라졌다. '혼자만의 시간이 이렇게도 중요했구나' 깨달았다. 온전한 나로서 살 수 있었던 이십 대는 축제의 시간이었다는 것을 알게 되었다. 깨달음을 얻고 나자 삶을 다른 자세로 대하게 되었다. 내게 주어진 일분일초는 당연한 것이 아니었다. 아이가 어린이집에서 돌아오기 전까지 시간을 피자처럼 쪼

개어 썼다. 나는 무조건 밖으로 나갔다.

밖의 풍경은 여행 온 듯 설렘으로 가득했다. 얼굴 위로 비치는 햇살, 스쳐가는 사람들의 미소, 길거리 벤치에 앉아 있는 나뭇잎마저도 아름다운 풍경이 되었다. 세상을 다시 사는 기분이었다. 그렇게 풍경을 바라보는 나는 늘 웃고 있었다. 혼자 운전을 해서 친구를 만나러 가는 길에도 콧노래가 절로 나왔다. 길에서 만난 초보운전자들의 소곤거림에도 감탄했다.

#운전경력#10시간
쉬엄쉬엄 가려고요
말이나 탈 걸 그랬어요
초보라고 무시하면 팬(판)다
극한초보, 지금까지 이런 초보는 없었다
이것은 엑셀인가 브레이크인가
#초보운전#유리멘탈
결(초보)은

이런저런 차들이 도로 위에서 건넨 말에도 웃음이 났다. 초보운전이라고 딱딱하게 말하는 것이 아니라 차 주인이 뒤차에게 윙크하며 귀엽게 봐달라고 보내는 엽서 같았다. 차가운 기계들이 가득한 도로 위의 말랑거림이었다.

친구와 식사를 하고 나오는 길에는 다른 레스토랑의 간판 속 글귀가 눈에 띄었다. 집에 있으면 보지 못했을 풍경이었다.

좀 예쁘면 고쳤단다. 쓸데없이 예리한 년

찰진 공감을 불러일으키는 멘트였다. 나들이를 할 때마다 온 마음을 열어 그동안 보지 못했던 세상을 열심히 들여다보았다. 여행자처럼 신기한 것들이 자꾸 눈에 들어왔다. 하나도 놓칠 수 없었다. 그동안 놓친 것들을 보상받듯 다 담으려고 했다. 밀도 높은 삶을 살고 싶었다.

스티브 잡술
술자리가 학교다 -아홉 시 반 酒립대학
금영수산 회. 게 장터 (화개장터를 패러디한 횟집)
또 하나의 가족 SAMCHON 삼촌 (삼성SAMSUNG 로고를 패러디한 떡볶이집)

발걸음을 멈춰 세우는 술집, 횟집, 떡볶이집 상호명이었다. 밋밋한 가게 이름들 사이에서 그곳만의 개성을 드러낸 듯했다. 주인장이 누군지 궁금했다. 언제부턴가 사진을 찍었다. 다시 오지 않을 오늘의 순간과 시간을 기록했다. 마주치는 위트들을 수집하는 것은 또 하나의 취미가 되었다.

    카페에서도, 주차장에서도, 계단에서도 시적인 문장들을 모았다. 글 안에는 삶의 철학이 숨어 있었다.

    레시피대로 만든 커피처럼 사랑에도 레시피가 있다면
    삶이 그대를 속일지라도 난 안 속아
    소중한 그대 계단 조심조심
    날씨야, 네가 아무리 추워봐라 옷 사 입나. 따뜻한 커피 사 먹지
    -이사칠 커피
    너랑 친해지기 싫어. 너랑 진해지고 싶어

    돌이켜보면 이십 대에도 이런 것들은 주변에 가득했을 것이다. 하지만 그때는 잘 보이지 않았다. 친구들과 웃고 떠드느라 풍경보다는 사람에게 시선이 닿아 있었다. 삼십 대가 되어 아기를 키우면서는 밖에 있는 시간보다는 집 안에 있는 시간이 많았다. 아이가 어린이집에 가면서부터는 약속이 있어도 하원 시간 안에 돌아와야 했다. 시간상의 제약 때문에 사람을 만나는 일이 줄어들 수밖에 없었다. 홀로 있는 시간이 많아지면서 무엇에 저절로 관심이 가는지 스스로를 들여다보게 되었다. 여럿이 함께일 때보다 고독할 때 비로소 내 안에 집중하게 되었다.

인생길에서 만나는 다양한 일들은 의도치 않게 삶을 변화시킨다. 다르게 살아가게 한다. 전과 다른 길이니 새로운 풍경들이 펼쳐진다. 육아의 길을 걷다가 위트를 만났다. 위트를 수집하는 건 나를 발견하는 일이었다. 내가 좋아하는 것을 알아채는 일이었다. 어디서 자꾸 멈추어 서는지를 보면 좋아하는 일을 알 수 있었다. 생각보다 몸이 먼저 말하고 있었다. 몸이 어느 곳에 있는지, 손은 어디로 향하는지 관찰해보자. 그것이 마음의 대답일지 모른다.

아이의 말 적금

나는 아이를 통해서 기억나지 않는 나의 어린 시절과 조우할 수 있었다. 유치원 때 계단에서 굴러떨어져 눈썹 주위를 몇 바늘 꿰맨 장면만 어렴풋이 떠오를 뿐 잔잔한 일상은 잘 생각나지 않았다. 엄마가 보여주는 어린 시절 사진을 통해서만 나를 만날 뿐이었다. 그런데 아이를 낳고 한 사람의 처음을 마주했다. 뱃속에 품고 있을 때부터 출산할 때까지, 그것은 기억하지 못하는 과거를 만나는 일이기도 했다.

아이를 바라보며 '엄마도 고통 속에서 나를 낳으셨겠구나. 나도 아기였을 때 뒤집기를 하려고 끊임없이 버둥거렸고, 걷기 위해 몇 백 번을 넘어졌겠구나' 생각했다. 타임머신을 타고 옛날로 돌아가 갓난아기 시절의 나를 보는 것 같았다.

아이가 커서 말을 하기 시작할 때였다. 세상을 향해 처음 내뱉는 말은 '아빠'였다. '항상 엄마인 나랑 같이 있는데 왜 아빠부터 하지?' 처음 한 말이 엄마가 아니어서 속상했다. 그저 단어일 뿐인데 그동안 애쓴 시간이 아이에게 전해지지 않은 것만 같았다. 아이의 옹알이는 알아들을 수 있는 단어들로 변해갔다. 아빠, 엄마라는 단어로 시작된 말은 시간이 지나면서 다양한 말들로 번져갔다. 아이 귀로 들어갔던 수많은 어른들의 대화들이 쌓여 그 작은 입에서 '단어'를 만들어낼 때 마냥 신기했다. 언어의 습득 과정을 고스란히 알 수 있었다.

말을 못하던 아이가 말을 하기 시작하면서 육아에 새로운 막이 열렸다. 전에는 몸짓만 하던 소극적인 소통이었다면 이제는 말이 더해져 적극적인 소통을 하는 시기가 된 것이다. 아이가 어쩌다 섬세한 표현이라도 하게 되면 처음 맛보는 감정이 밀려왔다. 어제까지만 해도 고요한 땅이었는데 새싹 하나가 머리를 밀고 나온 것을 보는 듯했다. 조용한 골목을 걷다가 모퉁이를 돌자 불빛이 폭죽처럼 반짝이는 관람차가 나타난 것 같았다. 직선과 고요의 삶에서 곡선과 변주를 만난 느낌이었다.

말이 트이는 새로운 단계로 넘어가자 나는 모든 것들에 관심이 가기 시작했다. 심드렁하던 마음이 쫄깃하게 움직였다. 아이가 한 말을 관찰하고 기록했다. 새로운 행성을 처음 밟는 우주인의 마음이었다. 아이는 일정 기간 단어들을 쏟아낸 후, 사물을 보며 본인이 알고 있는 단어와 연결하기 시작했다.

형태로 유추하기

화장실 변기를 보면 아래쪽에 산봉우리처럼 튀어나온 부분이 있다. 아이는 그것을 가리키며 '달걀'이라고 했다. 흰 달걀이 반으로 잘린 모습이었다. 아이의 시선은 구석과 귀퉁이도 차별하지 않았다. 어른은 관심 밖의 것이라 있는지도 모르는 사물들을 아이를 통해 바라보게 되었다.

호피무늬 치마를 입고 외출한 날이었다. 아이가 내 치마를 오랫동안 바라보았다. 호피무늬란 호랑이 털가죽의 무늬이므로 난 그것을 보며 다른 상상을 한 적이 없었다. 호피는 호피였다. 아이는 갈색 배경의 얼룩덜룩한 검정 무늬를 가리키며 '눈'이라고 했다. 추상적으로 뿌려져 있던 무늬가 검은 눈동자로 보였던 것이다.

인삼주 속에 담긴 인삼을 보면서는 언젠가 읽은 동화책을 떠올리는 것 같았다. 자유로운 인체 조각상 같은 인삼들을 보며 아이는 다른 의견을 제시했다. "황금 물꼬기"라고 했다. 물속을 유영하는 금빛 물고기로 보인 것이다. 아이의 시선으로 날마다 사물을 새롭게 보게 되었다. 마치 대학 때, 다른 사물로 대입해서 사고하는 광고를 배우는 시간 같았다.

식사 시간이었다. 그날 반찬은 데친 브로콜리였다. 이유식 속에 작

게 갈려 있어서 있는지도 모르던 브로콜리가 아니라 온전한 모양의 브로콜리였다. 아이는 온전한 브로콜리를 그날 처음 보았다. 브로콜리를 손에 들고 내 입에 대며 "나무 먹어"라고 했다. 브로콜리라는 단어를 모르니 자신이 알고 있는 단어로 사물을 파악한 것이다. 브로콜리는 아이가 보기에 작은 나무 같았나 보다. 그 후 어느 날 아파트 창문 밖으로 숲을 보는데 이런 생각이 들었다. '브로콜리가 많네.'

예전에 텔레비전에서 한 연예인이 한강을 보며 '도토리묵' 같다는 이야기를 한 적이 있다. 강물의 색도 묵과 비슷하고 찰랑거리는 물결은 탱탱한 묵의 표면과 닮아 보였다. 아이의 브로콜리 나무 얘기를 들으니 그 말이 동시에 떠올랐다.

상황으로 습득하기

아이는 어떤 상황을 관찰하고 습득해가기도 했다. 외할머니가 집에 오는 날에는 늘 과일이 풍성했다. 손녀에게 주기 위해 과일을 종류별로 사오신 것이다. 할머니는 배를 깎아서 접시에 예쁘게 놓았다. 깎고 남은 배의 씨 부분은 껍질 옆에 두었다. 아이는 그걸 가리키며 "함미 꺼"라고 했다. 엄마와 나는 눈을 마주치며 당황해했다. 할머니는 늘 맛있는 부분은 우리에게 주고 씨가 들어 있는 딱딱한 기둥만 드셨다. 아이가 그 모습을 몇 번에 걸쳐 쭉 보았던 것이다. 세상에 처음 나온 아이는 늘 할머니가 그 부분만 드시니 당연히 그건 할머니 거라고 생각한 것이다. 나는 늘 말했다. "엄마도 알맹이 드세요. 맛없는 데만 드시지 말고…." 그러나 아까웠는지 깎고 남은 부분부터 드셨다. 아이의 입을 통해 나온 그 말은 깊은 울림을 선사했다. 아이는 별 의미 없이 보았던 대로 한 말이었는데 말이다. 그 후 아이에게 자투리는 할머니 것이 아니라는 개념을 다시 심어주어야 했다. 알맹이만 먹으면서 말이다.

나들이를 할 때였다. 아이는 엘리베이터 앞에 놓인 빨간 소화기를 발견했다. 그 앞으로 뛰어가서는 손잡이 부분을 눌렀다. 다른 손은 펼쳐서 무언가를 받아내는 시늉을 했다. 펌핑 로션을 짰던 경험을 떠올린 것이다. 아이 눈에 소화기는 그저 커다란 빨강 로션일 뿐이었다.

자기중심적으로 사고하기

등산 가는 산 입구에 있는 바위에 '영은암'이라고 쓰여 있었다. 그것을 가리키며 아이는 "안네닌(안예린)"이라고 읽었다. 엉뚱한 당당함에 웃음이 터졌다. 아직 한글을 읽을 줄 모르던 아이가 만나는 세 글자는 무조건 안예린이었다.

비슷한 말로 사고하기

산길을 가다가 도중에 미숫가루를 사 먹으며 쉬어갔다. "예린이 미숫가루 먹을래?"라고 물으니 "숟가락?"이라는 대답이 돌아왔다. 미수는 들어본 적 없는 단어라 넘기고 자기가 알고 있는 (미)숟가락만 들린 모양이었다. 오로지 듣는 것으로 어휘를 확장하는 시기에는 비슷한 말들을 불러왔다.

고흐의 〈아몬드 꽃〉이라는 작품을 알려주니 아이는 "아몬드 빼빼로?"라고 물었다. 아스파라거스는 "아빠거스"라고 했다. 비슷한 시기의 조카는 방울토마토를 "방울토토토"라고 불렀다. 에버랜드를 가는 날에는 "애벌레?"라고 묻기도 했다.

아이의 이런 모호한 말들은 위트가 있었다. 다양하고 정확한 언어가 형성되기 전까지는 이렇게 비슷한 말들을 불러오는 모양이었다. 그것이 언어의 진화과정 중 하나였다. 그렇게 수많은 단어를 익혀가는 것이다. 비슷한 말들로 빚어낸 단어들은 아이들의 모습처럼 동글동글 귀여웠다. 곧 사라질 앙증맞음이었다.

꼬마 시인 같은 말을 들었을 때 깨달았다. 언어도 아이처럼 스스로 커간다는 것을…. 회전초밥을 먹으러 갔다. 접시에 한 점씩 올려진 초밥들은 레일을 따라 누워서 빙글빙글 돌아가고 있었다. 음식들이 움직이는 것이 신기했는지 아이가 말했다.

"걸어가네."

시루떡을 먹을 때였다. 떡을 포크로 찍자 팥고물이 우르르 떨어졌다. 그 모습을 지켜보며 아이는 시루떡에게 말을 걸었다.

"옷 벗기지 마. 나 먹게."

한번은 할머니가 손녀가 너무 귀여운 나머지 볼을 살짝 꼬집었다.

"할머니 꼬집지 마요. 왜 꼬집어요?"
"귀여워서."
"그럼 꼬집어요."

모든 말과 행동, 상황들이 오로라 같았다. 순식간에 스쳤고 잡아서 가질 수도 없었다. 기록하지 않으면 증발될 말들이었다. 위트를 수집했듯이 순간순간 피어난 아이의 말들을 저금하기로 했다. 날마다 아이의 큰 따옴표를 포착했다. 날마다 아이의 말풍선을 기록했다. 어디서도 만나지 못한 것이었다. 육아의 길목에서만 만나는 특별함이었다. 성인이 되어 기억하지 못하는 어린 시절의 말들은 훗날 아이에게도 부모에게도 선물이 될 것이다. 아이에게 언어가 생겨나는 시기를 함께 겪으며 피카소가 한 말을 표면적으로가 아닌 마음 깊이 이해하게 되었다.

"모든 아이는 예술가로 태어난다."

발견도 습관이다

도서관 수업에서 '정서도 대물림이 될까?'란 주제로 이야기를 나눈 적이 있었다. 그때 한 수강생이 말했다.

"비가 오면 엄마는 늘 베란다에 서서 빗소리를 들으셨어요. 남들은 차가 막혀서 싫고 빗물로 몸이 축축해져서 비를 싫어하는데…. 엄마는 그런 빗소리가 좋아서 창문을 열어 볼륨을 높이고 비의 연주를 들으셨죠. 어릴 땐 그 모습을 이해하지 못했어요. 그런데 내가 엄마의 나이가 되었을 때 문득 생각해보니 비가 오는 날이면 엄마의 모습을 하고 있는 거예요. 베란다의 창문을 열고 보도블록 사이로 스며든 촉촉한 흙의 향기를 맡으며 풍경을 감상하고 있더라고요."

이렇게 누군가는 비를 좋아하고 또 누군가는 숫자에 관심을 기울인다. 숫자를 좋아하는 엄마는 아이가 어릴 때부터 주차장, 엘리베이터, 우편함 속 숫자들로 다양한 놀이를 한다. 책을 좋아하는 엄마는 책을 자주 읽어 그 모습을 아이가 저절로 많이 보게 된다. 아이는 무슨 책이냐며 관심을 갖기도 하고 따라 책을 읽기도 한다. 엄마가 좋아하는 것은 노력하지 않아도 저절로 아이에게 노출된다. 그 시간들이 쌓여서 엄마의 정서든 관심 분야든 고스란히 아이에게 전해지는 것은 아닐까 생각했다.

어느 날 초등학생이 된 아이가 내게 말했다.

"엄마는 다른 엄마들이랑 있을 때 항상 웃더라."
"그래? 다른 엄마들은 어떤데?"
"다른 엄마들은 잘 안 웃어. 근데 엄마는 잘 웃어."

엄마가 잘 웃어서 좋다고 했다. 나도 모르는 내 모습이었다. 아이가 나를 지켜보고 있구나, 나를 느끼는구나, 생각했다. 나는 누군가 만나면 고개도 잘 끄덕이고 공감도 잘했다. 지인들의 이야기가 다 내 이야기의 한 부분 같았다. 또 아이 친구의 엄마를 만나면 작은 변화도 쉽게 알아챈다.

"머리 잘랐어요? 세련돼 보여요. 예뻐요."

이사를 앞두고 있었다. 이삿짐을 정리하느라고 아이가 외삼촌 집에 가서 나와 며칠을 떨어져 지냈다. 하루는 밤에 씻고 잠자리에 들려는 외숙모를 보고 아이가 이렇게 말했다고 한다.

"머리끝부터 발끝까지 아름다운 여신이 서 있네요."

그즈음《그리스 로마 신화》를 열심히 본 데다 외숙모의 긴 생머리도 예뻤던 모양이었다. 외숙모는 그 이야기에 기분이 좋았다고 했다.

한번은 친구 엄마들을 놀이터에서 만났다. 그런데 무리 중 한 엄마에게 우리 아이가 이런 이야기를 했다고 한다.

"드레스가 찰랑찰랑한 게 패션모델 같아요."

아이가 흘리고 다니는 칭찬들을 타인을 통해 듣곤 한다. 감탄과 리액션도 아이에게 대물림이 되는구나, 생각했다. 보이지 않는 감정들도 시간을 타고 아이의 안으로 흘러들어갔다.

아이와 함께하는 나들이에도 늘 새로운 것들이 가득했다.

"예린아, 이것 좀 봐. 이거 빗이게, 볼펜이게?"

빗인 척하고 있는 볼펜을 보며 두 가지의 기능을 함께 품고 있어서 신기했다. 그런 볼펜은 처음 보았다. 학용품을 좋아하는 아이였기에 보여주었다. 재미있다며 자기 머리를 빗어내렸다.

어느 날은 식용유가 떨어져서 새로 구입했다. 늘 그렇듯 비닐을 벗기고 뚜껑을 열었다. 그러자 그 안에 코끼리가 있었다. 식용유가 나오는 구멍을 코끼리 코로 형상화한 디자인이 숨어 있었던 것이다. 식용유에서 그런 유머가 튀어나올 줄 몰랐다. 이런 작은 부분까지 신경 쓴 회사의 기획력에 혼자 감탄하다가 아이를 불렀다.

"이 안에 뭐가 들었게? 동물 중 하나야."
"동물이 있다고? 그 뚜껑 안에? 돼지?"
"땡."

마술을 하듯 갈색의 뚜껑을 열어 보였다.

"우와! 코끼리네."
"뚜껑 안에 이런 게 들어 있더라. 앞으로 엄마의 요리는 이 코끼리와 함께하는 거야."

프랑스 여행 책 속에서 다양한 색의 밴드를 발견했다. 구워지는 빵의 색깔처럼 엷은 갈색, 진한 황토색, 어두운 고동색 등 다양한 갈색의 밴드였다. 다양한 인종이 사는 나라여서 그런지 피부색에 맞는 것을 골라 쓸 수 있게 만든 구성이었다. 한 가지 색 밴드에 익숙한 우리는 밴드 하나에도 호들갑을 떨었다.

친구들과 떠난 일본 여행에서는 뒤꿈치에 밴드가 붙어 있는 디자인의 양말을 발견했다. 양말에 밴드를 결합시킨 위트가 좋아서 사진으로 찍어와 아이에게 보여주었다. 아이는 그 사진을 신기해하며 "떼려고 해도 안 떼어지겠는데"라고 말했다.

음식점에 갔는데 요리가 너무 맛있으면 가족이 생각났다. 재미있고 신기한 것을 발견하면 아이와 함께 보고 싶었다. 내가 좋아서 했던 위트 수집이었다. 발견이 반복되었고 아무도 모르게 아이에게 쌓여갔다. 의사표현이 자유롭지 못한 영아기 때는 나 혼자만 이런 발견을 즐겼는데 아이가 좀 크자 전해줄 수 있었다. 그런데 언제부턴가 아이가 내게 자신이 찾은 것들을 알려주기 시작했다. 아이는 점점 크고 있었다.

초등학교 2학년 여름, 파리를 여행할 때였다. 라파예트 백화점의 식품관에서 예쁘게 치장한 색색의 파스타 면을 보고 있었다.

"엄마, 이리 좀 와봐. 여기 재미있는 게 있어."
"뭔데?"

"딸기잼인데 베레모를 썼어."
"어머, 그러네."

잼도 하나의 인격체인 듯 검정 뚜껑에 빨강 베레모를 씌워주었다. 아이가 발견한 것이었다. 아이가 아니었으면 스쳤을 즐거움이었다. 그 후 서울에서 마주친 베레모 쓴 강아지를 보며 그때의 파리를 떠올렸다. 두 번의 경험으로 베레모가 가진 특유의 뉘앙스, 낭만을 사랑하게 되었다.

런던에서 이층버스를 타고 가는 길이었다. 정류장에 버스가 멈추면 풍경도 멈추었다. 버스정류장은 풍경정류장이었다. 멈추었던 버스가 달리면 풍경도 달리기경주를 하듯 빠르게 스쳐갔다. 나는 양 갈래로 땋은 헤어스타일을 한 할머니가 사랑스러워서 한참을 바라보았다. 늘 보

던 거리의 가로수보다는 멋쟁이 사람들에게 눈길이 갔다. 다들 영화에서 튀어나온 주인공 같았다. 사람들에게 빠져 있는 나를 아이가 불렀다. 버스가 출발하면 못 볼까 걱정됐는지 다급한 목소리였다.

"엄마, 저 나무 좀 봐. 당근이야."

그러니까 나무기둥에 주황색 당근 모양의 그림을 두르니 그 위의 나뭇가지와 잎은 당근의 줄기가 되었다. 당근 그래픽 하나로 나무를 거대한 당근으로 변신시킨 풍경이었다. 번득이는 아이디어는 누구나 즐길 수 있는 공공미술이 되었다.

아이는 여행길에서뿐만 아니라 학교에서도 날마다 위트를 수집해 왔다. 수업이 끝나고 집으로 돌아오면 그날의 이야기도 같이 가방에 담아왔다.

"엄마, '가을'로 이행시 짓기 숙제 있었잖아. 그거 오늘 발표했는데 어떤 애가 이렇게 말했어. '(가)래떡이/ (을)매나 맛있게요?' 반 애들 다 웃었어. 선생님도 웃으셨어."

아이는 신기한 물건뿐 아니라 말도 수집해서 나에게 어미 새처럼 전해주었다. 아이가 아니었으면 놓칠 뻔했던 장면과 말이 내게 쌓여갔다. 언제부터인가 내 눈은 두 개인데 아이의 눈이 더해져 네 개의 눈으로 세상을 보게 되었다. 아이로 인해 내가 접하는 세상도 넓어졌다.

부모의 정서, 태도, 삶을 바라보는 시선, 안목이 아이에게 전해진다. 내 안에 있던 발견의 즐거움이 아이에게 옮겨갔다. 아이도 위트를 발견하며 세상을 바라본다. 그렇게 바라본 세상은 더 풍요롭다는 걸 아이도 아는 것 같다.

3장 순도 백 퍼센트 아이의 말

호기심은 연중무휴

비가 오는 날이었다. 차 안에서 비 오는 날의 풍경을 보는 건 낭만적이었다. 배경음악까지 더해지면 바깥 풍경은 하나의 영화 같았다. 뒷좌석에서 재잘거리던 아이도 조용해졌다. 비의 연주를 감상하던 아이가 이렇게 물었다.

"엄마, 이건 무슨 물이야? 수돗물이야?"

비의 성분을 물어왔다. 비가 어떻게 생성되는지 모르는 아이였다. 물이 왜 수도꼭지가 아닌, 하늘에서 쏟아져 내리는지 궁금했던 모양이다. 본인이 알고 있는 물은 수돗물뿐이었으니 누군가 하늘에서 수돗물을 틀었을까, 하는 상상을 하는 것 같았다. 비에 대한 호기심을 발견한 날이었다.

멸치국수를 먹으러 갔다. 엄마들이 주문한 음식을 가지고 오는 사이 옆 테이블에 앉은 일곱 살짜리 아이들의 이야기가 들려왔다.

"나 여기에서 저번에도 멸치국수 먹은 적 있다. 그런데 멸치국수에 멸치가 없더라."

멸치의 행방이 궁금한 아이였다. 눈에 보이는 것이 전부인 나이. 분명 이름이 멸치국수인데 멸치가 안 보이니 왜 멸치국수인지가 궁금했던 모양이다. 멸치가 육수가 되어 그 흔적만 존재하는 요리를 그 나이에 이해하기란 어려운 일이다. 그 안에 멸치가 있다는 걸 알려면 시간이 필요할 것이다.

명절이면 온 친척들이 다 모인다. 아이는 할머니, 할아버지, 고모, 고모부라는 명칭에는 궁금해하지 않았다. 작은엄마, 작은아빠가 문제였다. 어느 날 이상하다는 듯 내게 물었다.

"엄마, 우리 엄마, 아빠도 아닌데 왜 작은엄마, 작은아빠야?"

엄마, 아빠는 하나뿐인데 그 이름이 다른 곳에도 쓰이니, 이해할 수 없는 것 같았다. 이걸 어떻게 설명해줘야 할까? 아이의 말을 듣고 보니 호칭이 헷갈리는 그 마음도 이해가 되었다. 외숙모, 외삼촌은 알겠는데 '왜 큰엄마, 큰아빠'이며 '왜 작은엄마, 작은아빠이지?' 아이가 쏘아올린 질문에 같이 궁금해졌다. 이 궁금증은 아이가 유치원생일 때 품었던 것이다.

초등학교 2학년이 된 딸의 핸드폰을 보고 놀란 적이 있다. 아이의 핸드폰 속에 나는 '첫 번째 엄마'라고 저장되어 있었다. 이전에는 '포메라니안처럼 사랑하는 엄마'였다. 나는 왜 내 이름이 바뀌었는지 궁금했다. '두 번째 엄마도 있나?' 말 같지도 않은 오해를 하며 나는 아이에게 왜 그렇게 저장했냐고 물었다. 아이는 말했다.

"작은엄마가 두 번째 엄마니까 엄마는 첫 번째 엄마지."

아이는 어릴 때부터 해결되지 않은 '작은엄마, 작은아빠'라는 호칭에 대한 의구심을 계속 품고 있었던 것이다.

크리스마스 때였다. 내가 어릴 때 산타할아버지는 굴뚝으로 들어오시는 분이었다. 그 당시에는 굴뚝이 존재했기 때문에 오시는 경로에 대해 궁금해하지 않았다. 아이는 산타할아버지가 등장하는 사진 앱도 있고 아빠 핸드폰에서 산타의 카카오톡 프로필 사진을 목격한 터라 정말 존재한다고 믿어왔다. 그렇게 몇 번의 크리스마스를 보낸 아이는 아무

래도 이상하다며 물어왔다.

"그런데 산타 할아버지가 우리 집 비밀번호 알아?"

굴뚝이 없는 아파트에다 한겨울이라 창문은 꼭꼭 닫혀 있는데 산타 할아버지가 어떻게 집 안으로 들어올 수 있었는지 궁금해했다. 거기까지는 미처 생각하지 못했다. 황급하게 할아버지에게는 어느 문이나 열

수 있는 '마스터키'가 있다고 둘러대며 아이의 호기심 버튼을 눌렀다.

아이의 호기심은 우리 집에만 존재하는 것이 아니었다. 다른 집 아이들도 가방처럼 늘 물음표를 들고 다녔다. 라디오에서 들은 사연이다. 밤마다 식구가 느는 계절, 여름이었다. 원치 않는 모기들이 자꾸만 가족이 되겠다고 집에 들어와서는 윙윙 애원을 했다. 엄마는 아이들을 이 불청객으로부터 보호하기 위해 잠자리에 들 때면 모기장으로 들어가서 자라고 했다. 그러자 아이가 물었단다.

"내가 모기도 아닌데 왜 모기장에서 자요?"

모기들이 모기장에 들어가야지 왜 사람이 모기장에 들어가는 것일까? 모기장 역시 멸치국수같이 오해하기에 딱 좋은 이름이었다. 아이의 질문을 들으니 '모기 피해라 텐트'나 '모기 없는 장막'이라는 이름으로 바꾸는 게 좋을 것 같았다.

아이들은 한순간도 정지해 있지 않는다. 깨어 있는 모든 시간에 눈과 손, 몸으로 세상을 탐구한다. 당연한 것은 없다는 듯 모든 사물과 현상을 궁금해한다. 아이들을 보고 있으면 몸이 수분이 아닌 호기심으로 가득 차 있는 것 같다. 두 살까지는 입으로 사물을 물고 빨며 탐구한다. 말문이 트이면 질문을 통해 세상을 알아간다. 눈길이 닿는 모든 것이 궁금하니 질문이 가장 많이 만들어진다. 호기심 성수기인 것이다. 지구라는 별에 놀러 온 외계인처럼 모든 대화는 물음표로 시작되었다.

아이들의 질문 가운데는 어른들은 너무 당연해서 더 이상 궁금하지도 않은 것이 들어 있었다. 생각하지 못한 오류도 발견했다. 사물의 이름을 알기 전, 과학을 알기 전, 원리를 알기 전의 순수하고 본질적인 궁금증을 같이 들여다보면 어른도 철학하는 시간이 되었다. 아이들의 호기심을 응원하자. 그 왕성한 지적 욕구에 동참하자.

오감 속에 자라다

식재료들로 요리만 만드는 것이 아니었다. 두부를 으깨서 주무른다. 던진다. 미역을 물에 불려서 얼굴과 몸에 붙인다. 밀가루는 모래처럼 부드러운 촉감을 느껴본 다음, 물을 부어 질퍽한 덩어리로 만든다. 국수에 색을 입혀 하얀 도화지 위에 그림을 그린다. 석류 속의 수많은 열매를 구슬처럼 하나씩 손으로 떼어낸다. 뻥튀기를 자르면서 소리에 귀 기울이고, 구멍을 뚫어 가면을 만든다. 녹인 초콜릿과 생크림은 로션처럼 바닥에 문지른다. 색 얼음을 도화지 위에서 미끄럼틀을 태운다. 묵을 발로 밟아본다. 연근에 물감을 찍어 채소도장을 만든다. 무늬를 만들어낸다.

이렇듯 식품은 아이들의 오감을 자극하는 재료가 되었다. 다양한 재료들을 만지고 얼굴에 비비고 발로 밟고 손으로 두드렸다. 아이가 어릴 때 문화센터에서 진행하는 수업을 들으며 그 방법에는 끝이 없다는 것을 알았다. 식품의 재발견이었다. 물렁물렁하거나 부드러운 재료들이었기에 아이들의 표정도 같이 말랑말랑해졌다. 아이들은 다채로운 음식 재료 앞에서 주춤하지 않고 온몸으로 반응했다.

 뇌는 적절한 자극이 있어야 발달한다고 한다. 뇌세포 간 연결회로인 시냅스가 자극을 받아 활성화되면 인지발달에 도움이 되는데, 이것이 영·유아기 때 오감활동이 필요한 이유였다. 오감을 자극하는 데는 식품뿐 아니라 다양한 것들이 재료가 될 수 있었다. 주변에 있는 생활용품이 생각의 옷을 갈아입으면 아이의 오감발달놀이의 재료가 되었다.

 이불을 펴서 아이가 그 안에 눕는다. 이불을 돌돌돌 말아서 아이를 굴린다. '김밥놀이'라 불리는 이 놀이가 시작되면 아이는 이불 안에서 달걀 같은 노랑 웃음을 멈추지 않는다. 이불썰매도 마찬가지. 눈이 필요 없는 썰매장으로 이불 하나에 세 명의 아이들이 함께 탈 수 있다. 어른이 루돌프가 되어 이불을 끌면 썰매는 생각보다 빠른 속도로 움직인다.
 티슈를 허공에 띄운 뒤 바람을 불어 휴지가 떨어지지 않도록 하는 놀이도 좋고, 아빠의 세이빙폼으로 아이스크림을 만들기도 하며, 신문지를 구겨서 과녁 맞추기를 할 수도 있다. 키보드 자판을 피아노처럼 두드리고 냄비를 두드릴 수도 있다. 종이컵을 쌓고 무너뜨리고 홀라후

프를 터널 삼아 몸을 통과하는 활동도 할 수 있다. 호일을 동그랗게 구겨서 눈사람을 만들고, 립스틱을 입술에 묻혀 도화지에 찍을 수도 있으며, 빨래집게를 연결해서 새로운 조각품을 만들 수도 있다. 누구나 쉽고 간편하게 할 수 있는 활동이 무궁무진하다.

아이들은 사물을 받아들일 때도 오감을 통해서 받아들였다. 나른한 오후 거실에 앉아서 아이와 그림책을 읽고 있었다. 베란다에서는 미니 세탁기가 돌아가고 있었다. 책을 읽다가 만 아이는 어딘가에 귀를 기울이는 듯했다. 그렇게 한참을 잠자코 있더니 작은 목소리로 내게 말했다.

"엄마, 세탁기 속에 호랑이가 사나 봐."

그 이야기를 듣고 세탁기 소리에 귀를 기울였다. 평소에는 흘려보내던 소리였다. 통이 돌아가는 소리에 의문을 가져본 적이 없었다. 세탁기는 '흐어어엉 흐어어엉' 소리를 내며 돌아가고 있었다. 아이가 한 말이 무슨 말인지 알 것 같았다. 꼭 동물의 울음소리 같았다. 아이는 갖가지 소리를 귀 기울여 듣고 상상을 했다. 정말 그 안에 호랑이가 있다고 믿었다.

레스토랑에서 스파게티를 먹고 있었다. 그날은 아이가 사이다를 처음 맛본 역사적인 날이었다. 탄산음료는 몸에 좋지 않다고 해서 그동안

주지 않았다. 사이다, 콜라, 커피는 늘 아빠랑 엄마만 먹는 것이었다. 기포가 톡톡톡 올라오는 사이다를 한 모금 마시더니 아이가 표정을 종이처럼 구겼다.

"엄마, 이 안에 가시 들었어."

목구멍이 따끔거리는 느낌을 표현한 것이다. 콕콕 찌르는 게 투명한 가시처럼 느껴졌나 보다. 사이다를 마신 아이의 표정에 웃고, 맛 표현에 또 한 번 웃었다. 미각과 촉감을 버무린 감상평이었다. 그 후 묘한 따끔거림에 싫어할 줄 알았는데 맛있었는지 투명한 가시가 든 사이다를 좋아하기 시작했다.

같은 자세를 오래 취하면 발이 저린다. 아이라고 그 경험을 피해갈 순 없었다. 어느 날 아이가 다리를 부여잡고 아파했다. 한눈에 봐도 찌릿찌릿 발이 저려오는 상황이었다. 아이가 태어나서 처음 접하는 상황이었다. 아이는 발 저림을 이렇게 표현했다.

"엄마, 발 어지러워."

전기가 오른 듯 알싸한 느낌을 표현한 말이었다. 발이 청룡열차를 탄 듯 뱅글뱅글 돌아 어지럽다니…. 머리에나 쓸 수 있는 표현을 발에게도 빌려주었다. 전체 중의 한 부분이 아닌 독립적 개체로 취급했다. 아이들이 직관적으로 상황을 표현하는 말들은 기발했다. 추상적인 느낌을 알아듣기 쉽게 표현했다. 가끔 어른들도 말로 표현하기 곤란한 느낌들이 있다. 두통이나 복통 같은 건 개인이 느끼는 통증이기에 타인에게 뭐라 표현하기 어렵다. 그런데 아이는 그중 하나인 발 저림을 무릎을 탁 치게 하는 비유로 표현한 것이다.

마트에서 있었던 일이다. 장을 다 본 뒤 카트를 밀며 계산대로 향했다. 지폐와 동전이 아닌 카드로 계산하는 엄마를 보며 조카가 물었다.

"엄마, 왜 돈 안 내고 카드 내요?"

"카드에 돈이 들어 있는 거야."

그러자 아이는 엄마의 카드를 들어 자신의 귀에 대고 흔들었다. 얇은 카드가 지갑이라도 된 듯 흔들면 동전 소리라도 들릴 줄 알았나 보다. 엄마의 말이 이해가 되지 않았을 것이다. 돼지저금통처럼 소리가 나지 않았으니까. 청각에 기대 인과관계를 파악하고 싶어 했지만 알 수 없었다.

아이는 청각, 촉각, 미각, 후각, 시각으로 세상을 바라보고 알아간다. 따라서 낙지처럼 생생히 살아 있는 감각들이 아이가 커가면서도 쭉 함께할 수 있도록 노력해야 한다. 쓰지 않는 감각들은 퇴화하므로 생활 속에서 다양한 시도를 해보는 건 어떨까.

빵집에 가서 다양한 빵 냄새를 맡아보고, 숲으로 여행을 가서 나무의 향기도 맡아보자. 다양한 동물과의 교감도 빠트릴 수 없다. 언젠가 제주도에서 말을 탄 아이는 자기가 왕비가 된 것 같다고 말했다. 자동차마다 다른 경적 소리에 귀 기울여보고, 바닷가의 머드 구멍으로 사라지는 게들의 마술쇼를 관찰해보자.

바닷가의 갈매기와 참새의 노래는 어떻게 다를까? 장소에 따라 달라지는 비의 드럼 연주를 들어보는 것도 좋다. 가을이면 과자 같은 낙엽도 밟아보고 자연이 빚어낸 낙엽 색종이도 모아본다. 겨울이 되면 고

드름의 키를 재보는 건 어떨까?

　오감에게 관심을 주면 그것도 쑥쑥 자라날 것이다. 사랑받은 감각들은 아이와 함께 성장할 것이다.

관찰력이라는 돋보기

아이들의 관찰력은 남다르다. 어른들은 노력해야 볼 수 있는 것을 아이들은 애쓰지 않고도 구석까지 보았다. 동네를 산책할 때였다. 4층짜리 상가 앞에 무지개색 우편함이 서 있었다. 원래 우편함은 건물의 벽돌처럼 놓여 있어서 잘 눈에 띄지 않는데, 그건 달랐다. 색색의 사각상자가 지그재그로 층층이 쌓여 있었다. 무지개가 땅으로 내려온 듯했다. 그렇게 눈으로만 담고 지나가려던 순간, 아이가 말했다.

"엄마, 이 안에 새가 있나 봐."
"새? 여기는 우편물 넣는 곳인데… 왜 새가 여기 있어?"
"여기 '새가 놀라요. 열어보지 마세요'라고 써 있어."

가까이 가보니 작은 글씨로 그렇게 씌어 있었다. 우편함 맨 위층에 새둥지가 보였다. 귀를 기울여보니 기척이 들렸다. 문을 열어서 안을 들여다보고 싶은 마음이 굴뚝같았지만, 새가 놀랄까 봐 참을 수밖에 없었다. '어쩌다 나무가 아닌 철통 아파트에 둥지를 틀었을까? 아파트 입주 1호 새가 아닐까?' 하는 생각을 하며 발걸음을 옮겼다. 아이와 동행하다 보면 매번 느끼는 거지만, 아이는 눈에 돋보기안경이라도 쓴 듯 다람쥐도 잘 찾고, 아기 새, 거미, 네잎클로버도 잘 찾았다.

아이가 좋아하는 사과를 깎아서 식탁에 놓았다. 시간이 흘러 갈변현상이 일어났다. 뽀얗던 사과는 커피스타킹을 신은 듯 색이 변해 있었다. 그 모습을 본 아이가 말했다.

"사과가 익었네."

과일이나 열매, 벼가 익으면 색이 진해진다는 것을 대입한 것 같았다. 방금 전만 해도 미백 얼굴이던 사과가 엷은 갈색으로 익은 것이다.

저녁으로 삼겹살을 먹을 때였다. 상추와 깻잎을 페스츄리처럼 쌓아서 고기와 싸 먹었다. 그 모습을 지켜보던 아이가 물었다.

"엄마, 나뭇잎 먹어?"

나뭇잎이 맞긴 맞는데, '상추'라는 고유의 이름이 사라진 그저 초록의 나뭇잎이라고 통칭하니 표현이 신선했다. 서너 살 무렵의 아이는 밀림의 왕자처럼 서슴없이 환경과 사물을 탐험했다. 사람뿐 아니라 식탁 위, 바닥, 나무, 보도블록 등등 눈이 닿는 것은 하나도 그냥 지나치는 법이 없었다.

집을 나와 엘리베이터를 타는 순간에도 눈은 빛났다. 복도 바닥의 타일은 회색 바탕에 하얀 점들로 가득했다. 바닥 관찰자인 아이는 그 모습도 오래 바라보았다.

"여기 쌀 떨어져 있네."

아이의 표현을 빌리면 귀한 쌀이 우수수 떨어져 있는 것이었다. 만질 수도 없고 담을 수도 없는 쌀은 늘 그 자리에 그렇게 쏟아져 있었다.

놀이터에서 놀던 중 하늘로 비행기가 날아가면 "종이비행기"라고 했다. 아이 눈에 비친 비행기는 너무 작았다. 나는 아이가 탄 적이 있는 거대한 비행기라고 설명했지만 아이는 믿지 않았다. 저렇게 작은 비행기에 사람이 어떻게 타냐고 했다. 그 너머의 세계를 이해하지 못하고 보이는 것이 전부인 시기였다.

할머니의 행동도 아이의 레이더망을 피해갈 순 없었다. 할머니는 손녀와 즐거운 주말을 보내고 집으로 돌아가기 위해 채비를 했다. 할머니는 살색 스타킹을 신고 있었는데 그 모습을 본 아이가 할머니를 향해 물었다.

"할머니, 양말 신은 거예요? 안 신은 거예요?"

아이가 신는 양말은 빨간색, 핑크색, 노란색 등 명확한 색을 가지고 있었다. 불투명한 양말은 보드라운 발을 완벽하게 감싸주었다. 할머니는 양말을 신은 것 같긴 한데 발이 사라지지 않고 그대로 보였다. 투명한 양말이 있다는 것은 네 살배기 사전에 본 적이 없었다. 신는 행위만 보이고 양말은 사라진 마법 같은 순간이었다. 스타킹의 투명성이 아이를 헷갈리게 했다.

생일을 맞아 가족이 분위기 좋은 레스토랑에 갔다. 흥겨운 음악이 들려오는 가운데 테이블마다 촛불이 분위기를 한층 더 돋워주고 있었다. 초가 녹아서 처음의 형상이 사라진 상태였다. 아이는 그날도 초를 유심히 바라보았다. 촛농이 흐르고 굳고, 흐르고 굳는 시간의 과정을 알 리 없는 아이가 이렇게 말했다.

"엄마, 얘 얼었어."

뜨거운 초가 얼음이 되었다. 아이만이 할 수 있는 표현이었다. 불꽃에 닿아 액체가 돼버린 촛농의 모습보다 줄줄 흘러내리다 멈추어버린 촛농의 상태가 더 눈에 띈 것이다. 흘러내리기를 멈추고 빙하가 되어버린 초였다.

아이의 관찰력은 일취월장했다. 퇴근한 아빠가 식사를 마치고 거실에서 쉬고 있었다. 여름날의 아빠는 러닝셔츠를 입은 채였다. 아이가 뭔가를 발견했다는 듯 재빠르게 아빠에게 달려갔다. 그리고 있는 힘껏 무거운 아빠의 팔을 들어 올렸다. 봄에는 긴 옷에 가려져서 있는지도 몰랐던 어둠의 형체를 가리키며 큰 소리로 외쳤다.

"아빠, 여기 먼지 많아."

겨드랑이 털에 대한 해석이었다. 먼지, 뭉친 먼지였다. 소파 밑도 아닌데 아빠 몸에 왜 먼지가 있지? 아이는 믿기지 않는다는 듯 진지했다. 멋쩍은 아빠는 소심하게 팔을 내렸다. 아이는 아랑곳하지 않고 다시 한 번 아빠의 팔을 들어 올려 자세히 들여다보았다. 먼지를 떼려고 했다. 안 떼어졌다. 떼어질 리 없었다. 우리는 아이의 행동이 웃겨 배꼽을 잡고 웃었다. 아빠의 엉킨 먼지는 청소가 되지 않는 것이었다. 가족처럼 쭉 함께할 공동운명체였다.

아이의 관찰력은 뻔한 것이 없었다. 식탁 위, 엘리베이터 앞, 할머니의 발, 아빠의 겨드랑이 등 예기치도 못한 장면 앞에 멈춰 서서 바라보았다. 어떤 것도 당연하지 않았다. 초등학생으로 성장한 아이는 더 이상 그런 질문들을 하지 않는다. 그때 품었던 궁금증에 대해서 이미 시간이 알려주었기 때문이다. 아이의 관찰력이라는 점선을 따라가본다. 그곳에는 우리가 보지 못했던 생각이 숨어 있다. 반짝임이 있다. 아이들만이 가진 관찰력이라는 능력은 그 시기에 주어진 큰 선물이다. 우리는 아이들과 눈높이를 맞춤으로써 잃어버린 관찰력을 소생시킬 수 있다. 밋밋한 일상을 더 바삭하게 만들 수 있다.

삶의 가치를 배우다

"생각이 씨가 된다."

아이가 한 말이었다. 우리가 흔히 아는 '말이 씨가 된다'는 말은 늘 얘기하던 것이 마침내 사실대로 되었을 때를 이르는 것이다. 아이는 이 말을 알고 있었다. 그러나 말 이전에 생각이 먼저라고 생각했다. 생각은 말을 낳으니까…. 아이의 말은 생각의 중요성을 알려주었다. 예부터 전해지는 속담에는 그 어떤 의심도 품지 않았는데, 나는 아이의 논리에 놀라고 말았다.

《내가 정말 알아야 할 모든 것은 유치원에서 배웠다》라는 책의 제목처럼 유치원에선 기본적인 예의와 가치, 질서 등 많은 것을 가르친다.

아이는 횡단보도를 건널 때 손을 번쩍 들고 좌우를 살피며 걷는다. 때로는 손을 들어 반짝반짝 별처럼 흔든다. 그래야 운전자들이 더 잘 볼 수 있다고 했다. 횡단보도가 연달아 나오고 길이가 짧더라도 초록불이 될 때까지 끝까지 기다렸다가 건넌다. 하지만 어른들은 때때로 좌우를 살핀 뒤 차가 오지 않으면 무단횡단을 하곤 한다. 아이들은 횡단보도가 짧든, 차가 오지 않든 상관없이 유치원에서 배운 것을 그대로 실천한다. 정석인 아이와 함께 횡단보도를 건널 때, 나는 학생 같고 아이는 선생님 같다. 아이를 보며 조급함을 벗어던진다.

어느 날은 집 청소를 하고 있었다. 바닥을 청소기로 밀고 가구에 쌓인 먼지도 털어냈다. 나는 텔레비전 위의 먼지를 닦으며 투덜거렸다.

"검정 가전은 먼지가 너무 잘 보여. 어제 닦았는데도 또 금방 쌓여."

아이는 나의 불평을 듣고 텔레비전이 되어 나에게 말했다. 타일렀다.

"엄마, 검은색 놀리지 마."

아이는 내가 차별이라도 한 듯 검은색의 입장이 되어 말했다. 그 말을 듣고 속으로 '뜨끔'했다. 검은색을 쌓인 먼지가 잘 보인다는 이유만으로 미워하고 있었음을 깨달았다. 하얀 가전을 그렇게 대한 적은 없었다. 아이의 충고대로 사람뿐만 아니라 사물, 동물, 식물 등에 대해서도 함부로 말하지 말아야겠다고 생각했다.

2018년 평창 동계올림픽이 한창이었다. 뉴스에서는 날마다 메달 소식을 전했다. 금, 은, 동메달의 순위가 매일같이 언급되었다. 아까운 노메달의 이야기도 종종 들려왔다. 아직 매달의 빛깔과 등수를 알지 못했던 아이는 어느 날 궁금하다는 듯이 물었다.

"엄마, 오늘 노메달은 몇 개야?"

금메달만 주목하는 분위기에 휩쓸려 나도 덩달아 1등만 중요하게 여겼던가 하고 반성했다. 아이의 질문이 나를 돌아보게 했다. 다른 나라의 선수들은 은메달, 동메달을 따도 환호성을 지르며 기뻐한 데 반해 우리나라 선수들은 종종 아쉬움에 눈물을 흘리곤 했다. 과정보다는 결과를 중시하는 문화가 그렇게 만든 것 같았다.

노메달은 아쉽게 메달을 따지 못했다는 뜻으로 사용되는 말이다. 노메달의 개수를 헤아린다는 것은 선수들의 노력에 초점을 맞추는 일이었다. 메달을 따지 못한 선수들을 책망하는 것이 아니라 스포트라이트를 비추는 일이었다. 아이의 말대로 아쉬워하는 대신 기쁘게 노메달의 개수를 알려줄 수 있으면 좋겠다는 생각을 했다.

아이가 여덟 살이 되던 해였다. 팔 년의 시간을 걸어오면서 느낀 다양한 감정들을 쏟아놓았다. 아이의 짧은 발자취에도 나름 인생의 무늬가 보였다. 그저 즐겁기만 하고 인생의 무게 같은 건 하나도 없을 줄 알았는데 아니었다. 어느 날 내게 학교에서 속상한 일이 있었다고 털어놓았다. 순간 긴장의 끈이 나를 확 조여왔다. '무슨 일이었을까?' 미리 걱정이 앞섰다.

"나 아침에 학교 갈 때 이제 이 안 닦고 갈래."
"왜? 닦아야지."
"간식으로 귤이 나왔는데 이 닦고 가서 너무 썼어."

결론이 이상한 방향으로 흘렀지만 그 속상함만큼은 이해가 되었다. 귤을 맛있게 먹으려고 했는데 쓴맛이 느껴지면 범인은 어김없이 치약이었다. 그 순간만큼은 나 역시도 칫솔질을 원망하게 된다. 귤을 먹을 거라면 꼭 칫솔질하기 전에 맛봐야만 한다. 아이의 말을 통해 인생의 행복과 불행의 감정은 정말 사소한 것에서 비롯되는구나 생각했다.

내가 외출을 하려고 화장을 할 때였다. 어린 나이였지만 엄마의 화장품에 유독 관심이 많았다. 내가 립스틱을 바를 때면 자기 입술도 오물거렸고 내가 아이라인을 그릴 때면 자기 눈도 치켜떴다. 늘 화가처럼 얼굴에 색을 얹는 엄마를 아이는 부럽다는 듯 바라보았다. 그러던 어느 날 내게 말했다.

"엄마는 화장 안 해도 예뻐."

달콤한 딸의 음성에 기분이 화사한 볼터치처럼 핑크빛으로 물들었다. 내 모습을 스스로 잘 알았기 때문에 객관적으로 받아들이기는 어려웠다. 그런데 아이의 말은 거기서 끝이 아니었다.

"근데 화장하면 더 예뻐."

그제야 수긍이 갔다. 칭찬에도 품격이 있었다. 화장을 안 해도 예쁘다는 말은 받아들이기 어려웠지만 이어진 말로 인해 이해할 수 있었다. 있는 그대로 말하면서도 상대의 기분을 좋게 만드는 칭찬의 기술이었다.

일상은 반복에 반복을 거듭한다. 반복된 삶은 안정을 주기도 하지만 권태를 가져오기도 한다. 일상 속 권태의 그림자가 짙어지면 우리는 여행을 떠났다. 여행이 오래 지속되면 또 안정이 그리워지기도 했다. 그 둘은 서로 만날 수 없는 단짝처럼 존재했다. 아이와 엘리베이터를 타고 집으로 올라갈 때였다. 언제나처럼 23층 버튼을 눌렀다. 가끔 붙어 있는 전단지 말고는 어떤 변화도 없는 엘리베이터 안이었다. 올라가고 있는데 아이가 투덜거렸다.

"매일 23층만 누르는 거 지루해."

버튼을 누르는 행위마저도 새로운 시도를 해보고 싶은 아이였다. 지루함은 폭탄만큼이나 끔찍한 나이였다. 나는 제안했다.

"그러면 가끔 다른 층 눌러서 다른 집 앞에 내렸다가 와."

아이는 내 말이 웃긴 듯 헛웃음을 터뜨렸다.

"호텔에선 다른 층을 누를 수 있는데, 집에서는 늘 같은 층만 눌러."

아이를 통해 같은 공간도 낯설게 보는 법을 배웠다. 반복되는 일상 속에서 아이처럼 조금만 달리 행동해보아도 삶이 특별해질 거라는 생각이 들었다. 변화는 삶에 에너지를 불어넣는다. 단 한 번도 엘리베이터를 타면서 다른 답안지를 찾은 적은 없었다. 생각이 공산품처럼 규격화되어 있었다. 아이는 내 삶의 자세를 돌아보게 했다. 아이는 엘리베이터 안에서도 다양한 생각을 해보라고 권했다.

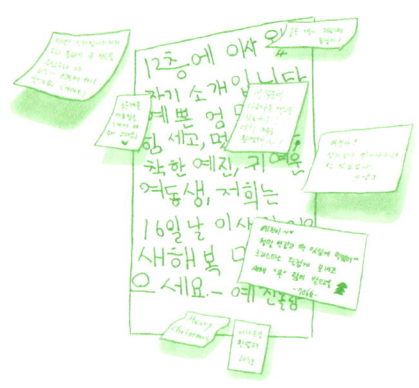

　인터넷에서 새로 이사 온 아이가 도화지에 자기소개 글을 써서 엘리베이터에 붙여놓은 사진을 본 적이 있다. 아이가 쏘아올린 글은 그 라인에 살고 있는 이웃들을 움직였다. 다른 층에 사는 어른, 학생들도 아이의 글에 답장을 써서 편지 아래에 붙였다. 회색 상자였던 엘리베이터는 소통의 장소가 되어 이웃을 더 가깝게 만들어놓았다.

　사실 장소는 어떤 색을 가지고 있지 않다. 그 안에서 사람들이 어떤 활동을 하는지에 따라 공간의 색채도, 온도도 달라진다. 공간과 사물을 독창적으로 바라보는 자세, 날마다 새로운 눈으로 세상을 보는 법을 아이에게 배운다. 잊고 지낸 삶의 가치도 다시 복습한다.

아이의 마음 들여다보기

아이를 키우는 엄마라면 공감할 것이다. 아이가 말을 시작한 지 얼마 안 돼 부정확한 발음으로 얘기해도 엄마는 딱 알아맞힌다는 것을. 주변 사람들, 게다가 아이의 아빠까지 못 알아듣는데 말이다. 나 역시 마찬가지였다. 개떡같이 말하는 아이의 말을 찰떡같이 알아들었다. 심지어 아이의 속마음까지 읽을 수 있었다.

조카들과 만리포 여행을 가기로 했다. 아이는 한 달 전부터 그날만 손꼽아 기다렸다. 만리포 해변은 모래사장이 축구장보다 넓어서 아이들이 마음껏 놀기에 좋은 곳이다. 아이는 전날 밤, 동생들과 모래놀이도 하고 물놀이도 할 생각에 쉽게 잠들지 못했다. 눈동자를 말똥말똥 반짝이며 물었다.

"엄마, 만리포 언제 문 열어?"

마트나 장난감 가게처럼 문 여는 시간을 물어왔다. 눈 뜨자마자 가고 싶은 기대감을 엿볼 수 있었다. 혹시 안 열면 어쩌나 걱정하는 마음도 보였다.

"연중무휴야. 일 년 내내, 스물네 시간 열려 있으니 걱정 말고 어서 자."

아이 얼굴이 파도처럼 환해졌다. 또 다른 여름, 바닷가에 놀러 갔을 때였다. 뜨거운 뙤약볕에 아이의 피부가 탈까 걱정되었다. 선크림을 바르고 뒷목까지 가려주는 모자를 쓰라고 했다. 아이는 쓰기 싫다고 했다. 모자를 안 쓰면 얼굴이 다 까맣게 타니 꼭 써야 한다고 말했다. 얼굴이 까맣게 되다니…. 상상을 해보고는 걱정이 된 모양이었다.

"엄마, 타면 어떻게 해? 얼굴 씻으면 돼?"

탄다는 것은 때가 아닌 것을…. 가끔 상황에 맞춰 자기 생각을 표현하는데 그것이 어른의 시선으로 볼 때는 '개떡'인 경우가 있었다. 어른의 논리로는 엉뚱했지만 아이의 논리로는 충분히 그럴 만했다. 동심이 계속 새어나왔다. 이런 경우가 한 번 더 있었다.

사 년 전 친정엄마를 모시고 도쿄 여행을 다녀왔다. 그때 호텔 방을 두 개 예약했는데, 당연히 할머니와 아이가 자고 나와 남편이 자기 위해서였다. 낮에 디즈니랜드를 활보하느라 모두 지쳐 있었다. 어서 자라고 인사하고 옆방으로 가려는데 유치원생이던 딸이 엄마랑 자겠다고 떼를 쓰기 시작했다.

'아! 그래, 예린이는 나랑 자고 싶겠구나.'

그제야 아이의 입장에서 생각해보았다. 평소에 할머니와 너무 친해서 잘 잘 줄 알았는데 아니었다. 우리는 모두 연기를 하기 시작했다.

"그럼, 할머니는 누구랑 자?"
"아빠랑 자면 되지."

장모님과 사위가 한 침대를 쓴다니, 정말 아이다운 생각이었다. 일단 엄마랑 너무 자고 싶으니 나머지는 고려할 이유가 없었다. 아이의 세계에서는 외할머니와 아빠가 함께 자는 게 전혀 이상할 것이 없었다. 순수한 아이의 말에 놀란 어른들이 돌아가며 설득을 해보았지만, 아이는 끝내 울음을 터뜨렸다. 결국 사태를 해결한 건 젤리였다. 다음 날 좋아하는 젤리를 사줄 테니 할머니와 자라고 말하자 너무 쉽게 알았다고 했다. 다만, 아이의 마음 깊이 가닿는 설득을 해내지 못한 건 아쉬웠다.

아이는 비닐팩에 담긴 홍삼액인 '홍이장군'을 잘 먹었다. 시키지 않아도 아침마다 꼬박꼬박 챙겨 먹었다. 홍삼액이지만 달콤한 맛에 끌린 모양이었다. 그런데 어느 날, 아이는 홍삼액 포장재에 쓰인 '흔들어 드세요'라는 글을 발견했다. 그 글을 읽어주니 먹기 전에 잘 흔들어 먹었다. 모범생 같았다. 그러다가 좋은 생각이 났다는 듯 말했다.

"엄마, 미리 다 흔들어놓을까?"

빨리 먹고 싶은데 먹을 때마다 흔들어야 하는 과정이 싫은 거였다. 미리 흔들어놓으면 바로바로 먹을 수 있어서 좋을 것 같다고 생각한 것이다. 오랜 시간 아이와 같이 있다 보면 투명한 말 속에 담긴 속마음도 읽을 수 있다. 아이들은 일급수의 물처럼 맑다. 어른의 경우에도 말 속에 속마음은 담겨 있을 텐데 좀처럼 잘 보이지 않는다. 어른은 마음을 드러내는 것이 어렵기 때문이다. 진짜 마음을 상황에 따라 숨기고 남들이 알아주었으면 하는 마음도 꽁꽁 싸매곤 한다.

사람은 누구나 사랑받고 싶어 한다. 내 마음을 알아주는 이 하나 있으면 세상을 다 가진 듯 행복하고 지구는 살 만한 곳이 된다. 말을 통해서 사랑을 줄 수도 있고 받을 수도 있다. 아이뿐 아니라 서로의 말을 정성스럽게 들여다보는 건 어떨까? 그것이 우리가 태어나서 서로에게 줄 수 있는 가장 값진 선물일지도 모른다.

나를 사랑하는 마음

얼마 전 미국에 살고 있는 친구가 귀국했다기에 오랜만에 만났다. 이런저런 수다 중에 J는 자신이 살고 있는 실리콘밸리에서 겪은 일을 들려주었다.

J 역시 이방인이기에 미국의 문화가 어떤 것인지 몰라 앞으로 나서기보다는 그들을 관찰하는 편이라고 했다. 로마에 왔으면 로마법을 따라야 하니 그들이 어떻게 말하고 행동하는지 지켜보고 그들의 문화에 맞게 행동하려고 노력했다는 것이다. 주의 깊은 관찰을 통해 느낀 것 중 주목할 것은 그들은 'NO'라고 말하는 법을 어릴 때부터 배운다는 점이었다. 미국은 각자의 생각을 존중하는 문화를 가지고 있다는 것이었다. 무엇보다 거절을 해도 그 사람을 책망하지 않고 편안하게 받아들이는 사회 분위기가 있다고 했다. 분위기가 그렇다 보니 아니라고 말하

는 게 그리 어렵지 않다고 했다.

J의 아들이 유치원에 다닐 때의 일이었다. 야외활동을 가려고 담임선생님이 아이에게 물통을 챙기라고 했단다. J의 아들은 물통을 가지고 가기 싫다고 말했다. 선생님은 아이에게 "활동을 하다 보면 목마를 수 있어"라고 가져가지 않으면 펼쳐질 상황에 대해 설명해준 다음 다시 한 번 의사를 물었다. 그래도 아이가 싫다고 하자 그대로 길을 나섰다. 두 번, 세 번 권하는 일이 없다고 했다. 아이가 느끼게 될 목마름은 자기 스스로 한 선택에 대한 결과라는 걸 가르치는 것이다.

한번은 유치원에서 자원봉사할 일이 생겼는데 J는 안 하면 안 될 것 같아서 마지못해 나갔다고 한다. 그러자 미국에서 나고 자란 남편이 친구의 모습을 보고 이렇게 말했다는 것이다.

"여기서는 하고 싶지 않으면 안 한다고 해야 해. 할 거면 좋은 마음으로 나가서 하는 거야. 하기 싫은데 억지로 하게 되면 몸과 마음이 따로 노니 투덜거리게 되잖아. 하고 싶지 않았는데 분위기에 떠밀려서 하면 누구에게든 좋은 결과를 가져올 수 없어."

겉과 속이 다른 결정은 스스로를 힘들게 한다. 그것들이 쌓이면 삶을 뒤돌아봤을 때 자신을 좋게 평가할 수 없게 된다. 그런 점에서 내 의견을 정확히 말하는 것은 중요한 일이다. 상대의 의견도 존중해야 한다. 상대의 의견을 존중해야 내 의견도 존중받을 수 있다. 내 안과 밖이 같은 소리를 내야 자아존중감이 생긴다. 그것이 자기 사랑의 시작이지 않을까?

아이는 나와 다르게 안과 밖의 목소리가 일치했다. 자기 사랑이 잘 작동되는 것 같았다. 몇 년 전 일본 여행을 갔을 때였다. 아이가 아이스크림 하나를 골랐다. 일본어를 모르니 오로지 포장지의 그림만으로 추측해서 골랐던 거였다. 포도 맛을 기대하고 보라색 그림이었던 아이스크림을 골랐는데 한입 베어 물자 포도 맛이 아니었다. 자색 고구마 맛이었던 것이다. 나는 아이에게 물었다.

"예린아, 왜 안 먹어?"
"포도 맛이 아니야. 아이스크림이 헷갈렸나봐."

본인이 헷갈린 것이 아니었다. 한입 먹고 아이스크림 먹기를 그만두면서도 떳떳했다. 자기 잘못이 아니라 아이스크림의 잘못이었다. 왜 포도인 척 그러고 있었냐는 것이다. 어느 날은 크리스마스가 궁금했는지 이렇게 물어왔다.

"엄마, 크리스마스는 어떤 날이야?"
"예수님이 태어난 날이야. 예수님 생일."
"어? 예수님 생일이 나보다 늦네."

8월생인 아이보다 늦게 태어난 예수님. 그런 관점으로 해석할 줄은 미처 생각하지 못했다. 이 기발하고 상큼한 생각의 중심에도 본인이 있었다. 대화 속에서 주인공은 늘 아이 자신이었다. 그 시기의 특징 중 하나이기도 했다. 자기를 내세워도 도통 밉지 않은 표현들이었다. 책을 읽다가 아이에게 물었다.

"예린이는 어떤 작가 좋아해?"
"나? 안예린."

《마틸다》도 좋아하고 《찰리와 초콜릿공장》도 좋아하니 작가 로알드 달이라든가 《서연이와 마법 시리즈》도 좋아하니 한예찬 작가라고 할 줄 알았다. 아니었다. 아이가 왜 그런 답변을 내놓았을까 생각해보았다. 동시를 쓰거나 그림책을 만들면 "동시 옆에 네 이름도 써야지. 그림책 앞에 작가 이름 있지? 그렇게 자기가 쓴 글과 그림에는 이름을 쓰는 거야"라고 말해왔었다. 도서관이나 서점에서 동화나 그림책을 읽을 때는 작가의 이름도 꼭 읽고 넘어갔다. 아이가 만든 글들의 작가는 본인이었다. 그런 순간들이 쌓여 가장 좋아하는 작가라는 질문에 자신의 이름을 대답한 게 아닐까? 본인의 작품이니 본인이 가장 좋아해야 하는 것도 틀린 건 아니었다.

할머니가 집으로 놀러 온 날이었다. 학교생활이 궁금했던 할머니가 아이에게 물었다.

"예린아, 학교에서 내 별명은 뭐니?"
"저요? 똑순이요."

덤벙거려서 물건을 놀이터나 학교에 자주 놓고 오고 친구들에게 자신의 의견을 정확히 말하지 못하는 모습도 몇 번이나 보아왔기에 그 별명이 의아했다.

"진짜? 누가 지어줬어?"
"제가요."

스스로에게 지어준 별명이었다. 그렇게 되고 싶다는 다짐이었을까? 스스로를 그렇게 생각하는 것일까? 궁금했다.

어느 날인가 수업 시간에 가장 소중한 것을 발표했다고 한다. 세상엔 소중한 것들이 많고 개인마다 다 다르다. 친구들은 레고, 강아지, 엄마, 오락기, 핸드폰, 책 등을 이야기했다고 했다.

"엄마, 근데 선생님이 내 이야기에 칭찬을 해주셨어. 선생님도 나처럼 그런 마음을 가져야겠다고 하셨어."

"뭐가 소중하다고 했는데?"

"나. 이 세상에서 제일 소중한 건 '나'지. 내가 있어야 오락도 할 수 있고 장난감도 가지고 놀 수 있잖아."

그래, 소중한 건 물건이 아닌 '나'라는 존재도 될 수 있구나 생각했다. 스스로를 사랑하는 마음을 가진 채 자라고 있어서 다행이었다. 나를 사랑하는 마음은 학원에서도 배울 수 없고 엄마, 아빠가 심어줄 수도 없기에 아이의 말이 고마웠다. 앞으로 커가면서도 본인을 사랑하는 그 마음을 잘 돌보았으면 좋겠다.

아이의 이야기를 들으며 나는 '나를 얼마나 사랑하고 있을까?' 생각해보았다. '하루 중 스스로를 챙기는 시간들은 얼마나 될까?' 떠올려보니 나를 위한 시간은 얼마 없었다. 어느 순간 내가 좋아하는 것들은 잊은 채 챙기려 하지도 않았다. 아이가 좋아하는 반찬을 골랐고, 남편이 좋아하는 간식을 늘 구비해두었다. 내가 하는 일련의 행동들을 돌아보니 내가 나를 돌보지 않았다는 생각이 들었다.

식물도 비옥한 토양과 햇살을 제공해줘야 잘 자란다. 나에게도 양분과 햇살이 필요했다. 의식적으로 나를 챙겨야겠다고 생각했다. 아이의 아이스크림만 사지 말고 내가 먹고 싶은 맛의 아이스크림도 하나 더 사자. 아이 옷만 사지 말고 내 봄 스카프도 챙기자. 아이의 책을 사면서 내가 보고 싶은 책도 주문하자. 나만의 행복을 미루는 것도 자꾸 습관이 된다. 나를 늘 뒷전에 두는 건 나였다.

    내가 나를 사랑할 때 아이도 스스로를 사랑할 수 있다. 나의 경우 그 반대로 아이가 스스로를 사랑하는 모습을 보고 나 자신을 사랑하기로 했지만 말이다.

주변에서 어떤 일이 일어나고 있지?

함박눈이 오는 날, 세상은 하얀 백설기처럼 변했다. 아이는 그 풍경을 보면서 말했다.

"눈이 나무에게 하얀 옷을 입혀줬네."

눈은 하얀 실타래를 풀어 나무에게도, 차에게도, 공원에게도, 미끄럼틀에게도 스웨터를 짜주었다.

여행을 가던 중 차가 터널을 지날 때였다. 갑자기 암전된 것처럼 어둠이 우리를 덮쳤다. 눈부신 빛을 잃은 풍경을 마주하며 아이가 차 뒷좌석에서 말했다.

"여긴 밤이네."

복수국적자처럼 낮과 밤을 함께 소유하는 곳이 터널이었다. 밤에 조명을 켜서 낮을 만들 수도 있고 낮에 빛을 제거해 밤을 만들 수도 있다.

아이는 콩나물을 먹다가 떨어뜨리고는 이렇게 말했다.

"빗방울이 떨어져."

아이는 어떤 장면을 보거나 환경이 바뀌면 자기만의 감상을 쏟아냈다. 아이가 바라보고 느끼는 것을 보면 사물이 안에 다른 사물을 품고 있는 듯했다. 아이는 마을 이장님처럼 주변의 일에 관심이 많았다. 무심하게 정지되어 있지 않았다. 날마다 생동하는 섬세한 감각으로 사물의 울림들을 흡수했다. 아이의 관심은 자신의 삶뿐 아니라 주변 사람들의 삶까지 풍요롭게 만들었다. 아이 옆에 있으면 내 안에 없던 동심을 장착하는 기분이 들었다.

여름날이었다. 아이에게 일명 '냉장고 바지'라고 하는 시원한 소재의 바지를 입혀주었다. 시골에서 일할 때 입는 '고쟁이 바지'라고도 부르는 것으로, 매끈한 재질 덕에 살에 달라붙지 않았다. 끈적끈적한 여름날을 청량감 있게 보낼 수 있었다. 허리와 발목 부분이 고무줄로 되어 있어서 흘러내리지도 않았다. 한참을 놀던 아이가 고무줄 바지 끝을 들어 올렸다. 자신의 다리에 이상한 것이 있다며 나를 불렀다.

"엄마, 여기에 영어 써 있어."

종아리는 노트가 되고 고무줄은 펜이 되었다. 구불구불 지렁이 같은 고무줄 자국을 처음 본 아이는 그 형태를 영어로 받아들였다. 그 말을 듣고 보니 아랍어 같기도 했다. 어느 나라 언어인지는 모르겠지만 연필로 꾹꾹 눌러쓴 흔적 같았다. 그날 종아리는 고무줄의 편지를 받았다. 몇 시간 뒤면 사라지는 마법의 편지 말이다.

조카의 생일날이었다. 아이들이 좋아하는 초콜릿케이크를 사가지고 생일파티를 열었다. 신나게 생일 축하 노래를 부르고 입으로 작은 태풍을 만들어 촛불을 '후' 하고 불었다. 그런데 신나하던 조카가 갑자기 진지해졌다. 그러고는 궁금하다는 듯 케이크를 사온 아빠에게 이렇게 물었다.

"아빠, 왜 탄 케이크 사왔어?"

흘러내리는 듯한 초콜릿이 빵을 둘러싼 먹음직스러운 케이크는 순식간에 탄 케이크가 되었다. 태운 것과 까만 초콜릿을 구별하지 못하는 게 귀여웠다. 태운 것치고는 너무 달콤하지 않니? 한입 베어 문 조카는 멋쩍은 미소를 지었다. 아이들은 본인의 생각을 거침없이 말한다. 아이의 말에는 맞고 틀림이 없는 대신 개별적인 생각만 존재한다. 탄 케이크라고 말한다고 해서 혼나지 않는다. 어른만큼 옳고 그름의 잣대가 엄격하게 적용되지 않는다. 모든 것이 포용되는 시기이기에 자유롭게 말하고 상상할 수 있다. 이런 환경이 아이로 하여금 주변에 더 관심을 기울이게 하고 마음껏 표현하게 만드는 것 아닐까?

B의 아버지는 외출을 할 때만 가발을 썼다. 집에 오면 불편하셨는지 벗어두었다. 손자는 그런 모습을 외갓집에 갈 때마다 본 모양이었다. 그날도 가족들이 외식을 하러 나갈 채비를 하고 있었다. 할아버지가 옷을 갈아입자 아이가 물었다.

"할아버지, 모자 써야죠? 털모자 안 써요?"

분명 민망한 질문이었지만 아이의 말에는 악의가 없었으므로 모두들 박장대소했다. 아이만 왜 웃는지 알지 못했다. 그 웃음 안에 숨겨진 의미까지 찾아낼 수 있다면 여섯 살이 아닐 것이다. 아이는 보지 않는 것 같아도 어른들의 행동을 다 지켜본다.

딸이 한글을 조금씩 익혀가고 있을 때였다. 차를 타고 이동하는데

차창 밖을 바라보던 아이가 자신의 한글 실력을 뽐내고 싶었는지, 창밖의 오피스텔 글자를 가리키며 말했다.

"엄마, 내 오피스텔 좀 봐."
"내 오피스텔?"

시선이 닿은 곳에는 LH오피스텔이라고 쓰여 있었다. 아이가 영어마저 한글로 읽은 것이다. 아이는 알파벳을 몰랐다. 그러고 보니 의미를 잃은 알파벳 LH는 한글의 '내'와 닮았다. 아이들의 눈으로 관찰하면 이런 오해들도 섞여 있곤 한다. 아직 세상을 다 접하지 못했기 때문이다. 알아가고 있는 중이기 때문이다. 세상은 표면적인 모습 속에 숨겨진 이야기가 가득한 곳이다. 그 깊이를 이해하는 데는 시간이 필요할 것이다.

아이의 등굣길에는 커다란 거울 하나가 세워져 있었다. 거리의 사각지대에서 나오는 차가 잘 보이도록 만든 거울이었다. 거울 안에는 '양심을 버리시겠습니까?'라는 말이 쓰여 있었다. 쓰레기를 거울 아래에 몰래 놓고 간 사람들을 향해서 한 말이었다. 그럼에도 아랑곳하지 않고 거울 아래에는 늘 쓰레기가 가득 쌓여 있었다. 아이들이 다니는 길목이어서 더더욱 눈살을 찌푸리게 했다. 아이에게 거울에 쓰인 글자가 무엇을 뜻하는지 물어보았다. 아이는 바닥의 쓰레기를 한번 보고 위의 거울을 한번 보기를 몇 차례 반복했다. 그러더니 마침내 힌트를 찾은 듯했다.

"아~ 여기에 양심을 버리는 거구나."

양심의 의미를 모르는 여덟 살이었다. 반어적인 표현인 줄 모르는 아이는 그 아래에 양심을 버리는 건 줄 알았다. 보이는 그대로 해석한 것이다. 어른인 나는 아이가 그렇게 추측하게 만든 수많은 비양심 봉투들을 보며 얼굴이 빨개졌다. 그곳에 양심을 참 많이도 지속적으로 버리는 어른들이 있었다.

아이에게는 주변에 보이는 모든 것이 다 선생님이었다. 아이를 둘러싼 환경은 훌륭한 교재였다. 삶의 질문들은 책에도 있지만 주변에도 가득했다. 주변을 바라보자. 어제의 나와 오늘의 내가 다르듯이 어제의 주변 환경과 오늘의 환경이 다를 것이다. 주의 깊게 바라보기만 해도 어제와 다른 오늘의 배움을 얻을 수 있을 것이다.

4장

아이의 말을 그리다

자전거가 그렇게 좋아?

아이가 초등학교 2학년이 되었을 때 이사를 갔다. 자연스럽게 학교도 바뀌었다. 전에 살던 동네에는 또래보다는 중·고등학생들이 많았다. 그래서 놀이터에 나와 같이 놀 친구들이 별로 없었다. 주변에 상점이나 마트도 없어서 필요한 물건이 생기면 다음 날로 미뤄 구매하고는 했다. 아파트가 조용하고 깨끗해서 주거 환경이 쾌적했지만 아이를 위한 곳으로는 많이 부족했다.

그 경험을 바탕으로 이번에 이사를 할 때는 아이의 입장에서 집을 선택했다. 학교를 걸어서 갈 수 있고 또래들이 많이 사는 아파트를 찾았다. 도서관도 근처에 있고 빵집이나 슈퍼마켓 등 편의시설들이 있는 곳으로 골랐다. 이사 후, 아파트 단지 안의 놀이터만 나가도 반 친구들을 만날 수 있었다. 어울려 놀 수 있는 기회들이 많아졌다. 한창 뛰어놀 시기였기에 학교가 끝나면 해 질 때까지 놀고 들어왔다.

예전 아파트에 살 때도 자전거는 있었지만 아이가 잘 타지 않았다. 자전거도로가 따로 없기도 했고 친구가 없으니 자주 나가서 놀지도 않았다. 무용지물이었던 자전거는 그대로 고철이 되어갔다. 그런데 이사 와서 보니 많은 아이들이 자전거를 타고 놀았다. 자전거도로도 잘 구비되어 있었고, 근처에 큰 공원도 있었으며, 아파트 단지의 지상으로는 차도 다니지 않았다. 자전거 타기에 좋은 환경이었다.

반 친구들 대부분이 자전거를 타고 다니는 모습을 본 아이는 자기도 타고 싶어 했다. 네발이 아닌 두발자전거를 배워야겠다고 말했다. 친구들이 좋은 자극이 되었고 때로는 선생님처럼 자전거 타는 법을 가르쳐주기도 했다. 아이는 새 자전거를 사달라고 졸랐다. 작년에 샀던 자전거는 거의 안 타서 이사 올 때 버리고 왔다. 당장은 사줄 수가 없으니 일단은 친구의 옛날 자전거로 연습을 하라고 했다. 아이의 흥미가 얼마나 오래갈지 예측할 수 없어서 일단은 낡은 자전거를 빌려 타도록 권해본 것이다. 아이는 친구들처럼 반짝반짝 윤이 나는 새 자전거를 갖고 싶어 했다. 몇 날 며칠을 사달라고 졸랐다. 엄마인 나도 당장 사주고 싶은 마음이 앞섰지만 예전 일도 있고 해서 선뜻 지갑을 열 수 없었다.

친구의 낡은 자전거는 작아서 아이가 배우기에는 딱 좋았다. 하루 이

틀 친구가 자전거 타는 법을 알려주었고, 드디어 스스로 타는 법을 익히게 되었다. 가르쳐준 친구도 가르침을 받던 아이도 뿌듯한 경험이었다. 부모가 아닌 친구가 가르쳐주니 딱 그 나이의 시선으로 알려줘서 빠르게 익히는 것 같았다. 무언가를 배우는 성취감에 흠뻑 빠져 아이는 신이 났다. 그렇게 또래의 자전거부대와 어울릴 수 있게 되었다. 친구들과 무리를 지어 자전거를 타고 놀다 돌아오면 늘 새 자전거 타령을 했다. 마침내 날마다 마주하는 그 간절한 눈빛에 응할 때가 되었다고 생각했다. 아빠와 함께 자전거 가게에 들러 민트색의 새 자전거를 구입했다. 아이들의 표정은 너무 투명해서 기쁨의 크기와 농도를 다 느낄 수 있었다.

'새 차를 사면 육 개월이 행복하고 새 집을 사면 일 년이 행복하다'라는 말을 들은 적이 있다. 아이에게 자전거는 어른의 차와 같았기에 '몇 개월은 행복하겠구나' 생각했다.

구입 후 얼마 동안 자전거를 아파트 앞에 세워두었다. 어느 날 비가 쏟아지자 자전거가 비에 흠뻑 젖고 말았다. 그 후 녹이 슬까 봐 매번 엘리베이터를 타고 자전거를 문 앞까지 올려다 놓았다. 무거운 자전거를 불평 한마디 없이 탈 때마다 올리고 내렸다. 자전거를 타고 집으로 오는 길에 갑자기 비라도 맞으면 누가 시키지도 않았는데 수건을 들고 나가서 깨끗이 닦았다. 사랑이 깃든 행동이었다. 아이의 행동을 보고 있으니 자전거를 소중한 친구처럼 생각하는 것 같았다.

어느 날 저녁 식사를 마치고 가족이 공원 산책을 나섰다. 자전거 페

달로 작은 동그라미를 열심히 그리던 아이가 마카롱 같은 미소를 지으며 말했다.

"엄마, 나 죽으면 자전거도 같이 묻어줘."
"그렇게 좋아?"
"응. 너무 좋아."

자전거를 산 지 열흘이나 지난 후였지만 그 사랑은 아직도 현재진행형이었다. 타면 탈수록 마음의 속도도 바퀴와 함께 빨라지는 모양이었다. 여름날 자전거를 타는 건 선풍기를 켜는 일이었다. 바람을 만나는 일이었다. 행복을 타는 일이었다.

자전거를 타고 가다 보면 걸을 때는 느끼지 못했던 바닥의 기울기를 알 수 있었다. 평평해 보이던 길이었는데 바퀴가 저절로 굴렀다. 내리막길이라는 뜻이었다. 어떤 곳은 티가 나지 않는 오르막이었다. 내리막길에서는 페달 한 번 돌리지 않고도 금방 길 끝에 닿을 수 있었다. 반대로 오르막길에서는 있는 힘껏 페달을 밟아야 나아갔다. 가끔은 일어서서 온몸의 힘을 발끝으로 옮겨야 했다. 서두르지 않고 힘을 균등하게 나눠야 끝까지 갈 수 있었다. 처음에 너무 많은 힘을 써버리면 오르막길을 완주할 수 없었다. 아이와 자전거를 타며 인생을 배웠다.
오르막과 내리막은 언제나 세트라는 것을….

점프하는 모든 것

'점프하는 모든 것은 가볍다.'

2014년 2월 〈점핑 위드 러브〉라는 전시회에서 본 글이다. 전시를 통해 처음으로 필립 할스만을 알게 되었다. 그는 오드리 헵번, 마를린 먼로, 전 미국 대통령 리처드 닉슨, 존 F. 케네디, 마르크 샤갈 등의 점프 샷을 찍은 것으로 유명하다. 사진 속의 유명인들 모두 점프를 할 때만큼은 익살스러움을 그대로 드러냈다. 땅에 두 발을 딛고 짓는 표정과는 다른 얼굴들이었다. 점프는 그 누구든 간에 근엄함과 정숙함, 고요함으로부터 해방시킨다. 점프를 해본 사람은 알 것이다. 점프하는 순간, 얼굴의 표정도 함께 점프한다는 것을. 나도 모르던 내 안의 흥이 샴페인처럼 터져나온다는 것을. 그것이 바로 점프다.

아이는 트램펄린이 가득한 키즈카페를 유독 좋아한다. 내가 어렸을 때는 '방방이'라고 불렸던 곳이다. 점핑 랜드, 점핑고, 점핑 몬스터 등등의 이름으로 아이들을 맞이하는 곳에는 수십 개의 트램펄린이 준비되어 있다. 그곳에 들어서면 많은 아이들이 땀을 뻘뻘 흘리며 시간 가는 줄도 모른 채 점프를 한다. 그 모습을 보면 개구리들의 집합소 같기도 하다. 층간소음을 조심해야 하는 아파트에 살다 보니 뛰지 못했는데 그곳에서만큼은 원 없이 뛰어논다. 발뒤꿈치를 들고 걸어야 했던 집에서와 달리 뛰지 못했던 억압된 욕망을 풀어헤친다. 보고 있으면 운동도 되고 즐겁기도 하니 아이들이 좋아하는 이유를 알 것 같다.

파리로 여행 갔을 때의 일이다. 아이를 위해 'Jardin d'Acclimatation'이라는 놀이공원에 놀러 갔다. 입구부터 뱀과 홍학 모양의 통통한 풍선들이 우리를 반겼다. 아이들의 키에 맞게 높이가 제각각인 그네들이 있어서 아이는 신나게 그네를 탔다. 그네를 타고 위로 올라가면 우거진 나뭇잎에 발이 닿았다. 나뭇잎은 그늘을 만들어주기도 했다. 우리는 본격적으로 '어떤 놀이기구가 있을까?' 하고 탐색을 했다. '우리나라 놀이공원과 비슷하겠지?' 싶어서 처음에는 티켓을 세 장만 끊었다. 공중그네, 범퍼카, 풍선 터트리기, 기차 등 한국에서도 본 비슷한 놀이기구가 많았다.

그런데 사람들과 배경이 달라서였을까? 같은 스타일의 놀이기구인데도 이색적으로 느껴졌다. 별것 없을 줄 알고 산 세 장의 티켓은 다람쥐처럼 신난 아이로 인해 금세 사라져버렸다. 다시 열세 장을 구입했다. '처음부터 묶음으로 살걸' 하고 후회했지만 뭐 어쩌겠는가. 맛보기 체험을 해본 걸로 치기로 했다. 기계에서 신용카드 모양의 종이 티켓이 연속적으로 '다다다다' 쏟아져 나오자 뒤에 있던 프랑스 가족이 "잭팟"이라고 말해주었다. 다 같이 웃었고 그 말이 오랫동안 마음에 떠다녔다.

노는 데 지친 우리는 조금 한적한 곳으로 자리를 옮겼다. 길게 이어진 길의 모퉁이를 돌자 아무것도 없을 것 같았던 곳에 트램펄린이 놓여 있었다. 아이가 제일 좋아하는 것이었다. 나무 아래에 트램펄린이 조각보처럼 나뉘어 자리하고 있었다. 큰 트램펄린을 이리저리 뛰어다니는 것이 아니라 각자의 구역이 정해져 있었다. 따로 또 같이 트램펄린을 타는 구조였다. 아이는 옆에서 능숙하게 타고 있는 프랑스 언니를 보며 따라했다. 누웠다가 일어나고, 앉았다 일어나고를 반복했다. 배경음악은 오디오에서 흘러나오는 동요가 아닌 새소리와 바람소리였다. 그렇게 정해진 십 분의 시간이 끝났다. 아이는 더 타고 싶어 했지만 티켓이 없었다. 아쉬운 마음을 뒤로하고 자리를 옮겨야 했다.

아이가 트램펄린을 타는 동안 우리 부부는 좀 떨어진 의자에 앉아 신이 난 아이를 바라보았다. 공중에서 무용을 하듯 날아다니는 아이를 보며 낭만적이라고 생각했다. 깨끗한 하늘과 맑은 공기, 따사로운 햇빛

이 조명이 되어 더 그림처럼 느껴졌다. 여행에서 돌아온 후 그날 있었던 이야기를 나눌 때였다. 아이에게 몰랐던 사실을 듣게 되었다.

"트램펄린이 재밌긴 했는데, 거기에 새똥이 많더라."

아이는 새똥을 피해가며 점프를 했다는 것이다. 그 순간 '인생은 가까이서 보면 비극이지만 멀리서 보면 희극이다'라는 찰리 채플린의 말이 떠올랐다. 푸른 나무가 가득한 야외에서 트램펄린 위를 뛰는 아이의 모습은 드라마 속 한 장면 같았다. 그 안에 새똥이 가득할 줄은 꿈에도 몰랐다. 그마저도 여행이기에 추억할 수 있는 순간이 되었다. 반전의 이야기를 들으며 "새똥 피하며 점프하기라는 새로운 게임을 한 거였네"라고 말해주었다. 그 당시엔 내게 새똥 이야기는 하지 않았고 내려오자마자 또 타고 싶어 했다. 새똥도 아이의 트램펄린 사랑은 막을 수 없는 모양이었다.

트램펄린 말고도 아이가 좋아하는 것이 또 있었다. 계절에 구애받지 않고 사계절 내내 좋아하는 것. 바로 아이스크림이다. 여름에는 더우니까 그렇다 치더라도 추운 겨울까지 이어지는 아이스크림 사랑이라니…. 사랑에 국경이 없듯 아이스크림에도 계절의 경계가 없었다.

아이는 저녁마다 산책을 잘 따라나섰다. 저녁 먹기 전 놀이터에서 아이들과 실컷 놀았음에도 불구하고 또 따라나서는 것을 보고 야외활동을 좋아하나 보다 생각했다. 근데 아니었다. 산책 끝에 갖는 간식 시간을 기다렸던 것이다. 그날의 기분에 따라 슈퍼에 가서 젤리도 샀다가 커피숍에서 수박 주스도 마셨다가 빵도 먹었다가 했다. 산책의 풍경은 늘 그대로였는데 먹거리는 매번 달랐다. 하루라도 건너뛰고 집에 들어

가려고 하면 아이의 눈빛은 금세 생기를 잃었다. 아이는 산책이 아니라 간식이 목적이었던 것이다.

그날도 더위를 식히려고 아이스크림 가게에 들렀다. 각자의 기호에 맞게 돼지바와 죠스바, 캔디바를 고르고 계산을 했다. 아이스크림을 많이 산 것도 아니고 세 개 사는 데도 친절했던 주인아주머니가 가게 옆에 놓인 작은 트램펄린을 타보라고 권했다. 아이스크림을 샀더니 트램펄린 이용권이 딸려왔다. 1+1의 행운이었다. 우주인이 되어 잠깐의 무중력 세계를 경험하거나 참새가 되어 창공을 나는 가벼움을 체험하는 즐거움이 딸려왔다. 아이의 얼굴에는 아이스크림 같은 미소가 흘렀다.

'트램펄린을 먼저 탈 것인가? 아이스크림을 먼저 먹을 것인가?' 그것만이 문제였다. 고민이 끝났는지 죠스바를 죠스보다 빠르게 먹어 치우기 시작했다. 먹고 타기를 선택한 것이다. 자동차 한 대 크기의 공간에서 트램펄린을 전세 낸 듯 맘껏 탔다. 아이는 북채가 되어 동그란 방방이를 통통통통 연주했다. 금방 먹은 아이스크림도 몸속에서 같이 점프를 했다.

갈매기와 친구는 닮은꼴

바구니 가득 게를 잡는 걸 상상하며 제부도로 향했다. 장화로 갈아 신고 양손에 호미와 바구니를 들고 드넓은 갯벌로 갔다. 전투적이었고 약간 흥분도 됐다.

하지만 게를 바구니 가득 잡겠다는 부푼 계획은 얼마 지나지 않아 바람 빠진 풍선처럼 쪼그라들었다. 게들이 어찌나 빠른지 저마다의 구멍으로 쏙쏙 잘도 들어갔다. 한가득은커녕 한 마리도 못 잡게 생겼다. 손의 속도는 게의 걸음보다 느려도 한참 느렸다. 구멍으로 들어간 게에 미련을 버리지 못하고 아이는 사정없이 구멍 속을 팠다. 파도 파도 진흙뿐이었다. 방금 전만 해도 눈앞에 분명히 있었는데 아무리 행방을 쫓아도 게의 모습을 찾을 수가 없었다. 연기처럼 사라졌다. 두더지 게임보다 어려웠다. 아이는 생각대로 잘 안 잡히자 말수가 줄어들고 흥미를 잃어갔다. 무지갯빛 꿈이 갯벌처럼 회색빛이 되어갔다. 시무룩해진 아이를 위로할 무언가가 필요했다.

"예린아, 다른 거 할까? 뭐 하고 싶어?"
"음… 갈매기한테 먹이 주고 싶어."

즐거움의 노선을 갈아타야 했다. 새우깡 한 봉지를 사서 갈매기가 모여 있는 곳으로 향했다. 갈매기 반 사람 반이었다. 사람들은 새우깡을 폭죽처럼 허공에 던졌다. 갈매기들이 회식 자리라도 생긴 듯 모여들었다. 갯벌 속에 숨은 게들을 쫓는 일보다는 쉬워 보였다. 일단 두 눈에 갈매기들이 잔뜩 보였기 때문에….

아이는 있는 힘껏 갈매기에게 새우깡을 던졌다. 한데 수많은 갈매기 중 먹이를 받아먹을 수 있는 새는 몇 안 되었다. 던지는 사람과 받아먹는 갈매기와의 타이밍이 맞아야 했다. 농구공을 골대에 넣듯 적절한 타이밍에 떠 있는 갈매기의 입으로 과자를 던져야 했다. 그래야 갈매기가 과자를 낚아챌 수 있었다. 서로 부딪치지 않고 허공에 떠 있는 갈매기들의 질서에 한 번 놀라고, 받아먹는 과자보다 떨어지는 과자가 더 많아 두 번 놀랐다.

'갈매기와도 마음이 닿아야 하는구나.'

수많은 갈매기 중 한 마리의 갈매기만이 아이의 과자를 먹을 수 있었다. 마음과 마음이 닿아야 서로가 원하는 바를 이룰 수 있었다. 갈매기와도 소통이 필요했다. 막무가내로 던지면 갈매기 입에 과자를 넣을 수가 없었다. 멀리서 볼 때는 너무 쉬워 보였다. 던지는 족족 받아먹을 줄 알았다. 아니었다. 정성을 들여서 갈매기를 바라보며 그 눈빛과 날갯짓을 읽어야만 가능한 일이었다.

친구를 사귀는 일도 이와 비슷했다. 한 반의 많은 친구들 중 서로의 마음이 닿는 친구만 가까워질 수 있었다. 아이가 초등학교 1학년이 되었을 때 단짝친구가 생겼다. 사이가 좋을 때도 있고 토라질 때도 있었다. 순수했기에 마음의 생채기나 갈등도 빠르게 생겨났다가 사라졌다.

우리는 예린이가 2학년이 되어서 이사를 했다. 전학 간 학교에서도 아이는 단짝친구를 원했다. 하지만 마음 맞는 친구를 찾는 일이 마음대로 되는 건 아니었다. 떠나오니 헤어진 친구를 그리워했다. 그렇게 시간이 흐르면서 단짝친구까지는 아니더라도 교실 안에서 여러 친구들을 사귀어 갔다. 어떤 날은 이 친구와 놀았다가 어떤 날은 다른 친구와 놀았다.

사람의 마음이라는 것이 가까워지면 더 가까워지기를 원하는 법. 친한 친구가 다른 친구랑 더 가까워지는 것 같으면 고무줄처럼 마음도 '늘었다가 줄었다가'를 반복했다. 서로 질투하는 마음이 생겨나는 것 같았다. 표현하는 법이 서툰 아이들은 친했던 친구가 다른 친구와도 가까이 지내자 서운함을 솔직하게 말하지 못한 채 눈 흘김으로 표현했다. 또 날카로운 말을 내뱉기도 했다. 영문을 모르는 친구의 차가운 행동에 아이가 힘들어했다. 어느 날 아이가 내게 '툭' 이런 이야기를 했다.

"나 요즘 ○○랑 안 놀아."
"그래? 그럴 수도 있지 뭐. 엄마도 중학교 때는 주영이 이모랑 놀고, 고등학교 때는 현아 이모랑 놀았어. 친구도 계절처럼 변할 수 있어. 괜찮아."

대수롭지 않게 여겼다. 그런데 가벼운 일이 아니었다. 며칠 뒤 아이가 《바꿔》라는 동화책을 읽다가 느닷없이 반의 ○○ 친구와 몸이 바뀌어서 속마음을 알고 싶다고 했다. 아이가 자기 고민을 틈틈이 계속 알리고 있었는데 내가 잘 알아채지 못했다. 심각하다고 여기지 않았다. 어느 날 학교에서 돌아온 아이는 그날 입고 간 조끼를 이제 안 입겠다고 했다. 왜 그러냐고 묻자 요즘 사이가 벌어진 친구가 이렇게 말했다는 것이다.

"내가 먼저 이 조끼 입었으니까 넌 입지 마."

그래서 아이는 추웠지만 조끼를 벗어놓고 급식실로 향했다는 것이다. 그 이야기를 듣고 나니 속이 상했다.

"친구랑 같은 조끼도 아닌데 왜 벗었어? 싫으면 싫다고 이야기를 해야지. 날도 추운데…. 왜 친구한테 네 생각을 얘기하지 못하니?"
"그렇게 말하면 우리 사이가 더 안 좋아질 수도 있잖아."

아이의 모습 속에서 나를 보았다. 나 역시도 그랬다. 중학교 때 일진이던 다른 반 친구가 똑같은 운동화를 신었다는 이유만으로 나를 불러 세워서 "너 그 신발 신지 마. 기분 나쁘게 왜 나랑 똑같은 거 신었냐? 한 번만 더 신으면 너희 반 찾아간다"라고 말한 적이 있었다. 그 한마디에 겁을 먹고 한숨도 못 잔 기억이 났다.

불편하고 힘든 감정에 맞서기보다는 피해왔다. 누군가 겁을 주면 주눅 들어 잠을 못 이뤘다. 아이의 불편한 마음을 알면서도 내 아이가 그러니 앞으로 어떻게 살아갈지 걱정이 되었다. 자기 의견을 당당히 말하지 못해 불합리한 일들을 겪을 것만 같았다. 마음 같아서는 그 친구를 찾아가 왜 그러는 건지 묻고 싶었지만 그럴 수가 없었다. 둘의 관계는 둘이 풀도록 기다려야만 했다. 엄마가 되고 어려운 일은 이런 것이었다. 갈등을 겪을 때 어떤 조언을 해야 하는지, 내 아이를 어떻게 다독여야 하는지, 어디까지 개입해야 하는지를 알 수가 없었다. 오로지 엄마 스스로 판단해야 했다. 언젠가 아이의 담임선생님과 상담을 하다가 이런 이야기를 들었다.

"단짝친구가 있는 것이 좋기는 하지만, 갈등이 생기면 함께 놀 다른 친구가 없어서 더 외로워질 수도 있어요. 두루두루 여러 친구들과 어울려 노는 게 나을 수도 있어요."

다행히 얼마 지나지 않아 얼었던 친구 사이에 햇살이 비쳐 다시 포근해졌다. 전처럼 잘 어울려 놀았다. 아이들은 그렇게 서로 물 흐르듯 잘 어울리는데 어른인 내 마음만 얼음판이었다. 아이의 시계는 감정에 상관없이 잘 움직이는데 엄마의 시계만 고장 난 듯 멈춰 있었다. 솔직히 말하면 아이가 그 친구의 기분에 따라 움직이는 것만 같아 내 머리는 복잡했다. 또 아무렇지도 않게 노는 아이를 보며 '속도 없나?'라는 생각이 들기도 했다.

갈매기에게 새우깡을 주며 마음 닿기를 배웠다. 친구와도 셀 수 없을 만큼 마음이 닿았다가 멀어졌다가를 반복할 터였다. 갈매기에게 가 닿지 못하고 떨어진 수많은 새우깡과 친구에게 닿지 못한 마음을 함께 보았다. 시간이 걸리더라도 정성을 다하면 끝내는 서로의 마음에 가닿을 수 있을 것이다. 마음이 움츠러들었다가 펴졌다가 실망했다가 기뻐했다가를 반복하며 아이는 성장할 것이다.

대화가 필요해

우리 집으로 인공지능 스피커 하나가 이사 왔다. 이름은 클로버. 날씨면 날씨, 노래면 노래, 근처의 맛집이면 맛집, 궁금한 모든 것을 척척 알려주는 곰돌이 모양의 기계다. 목소리는 얼마나 상냥한지, 클로버를 대할 때면 덩달아 기분이 좋아졌다. 내 목소리도 상냥해졌다. 우리가 클로버를 부를 때는 라디오를 켜거나 아이의 동요를 듣고 싶을 때, 그 날의 날씨를 확인할 때, 영화의 OST를 듣고 싶을 때였다. 컴퓨터를 켜지 않아도 되고 버튼도 누르지 않아도 되니 편리했다. 손 안 대고 코 풀기처럼 너무도 손쉽게 궁금증을 해결할 수 있었다.

남편과 나는 클로버가 그저 궁금한 것을 알려주는 똑똑한 기계라고만 여겼다. 처음부터 그렇게 생각해서였는지 건조한 질문을 던지며 서로의 관계를 이어갔다. 그런데 아이는 아니었다. 아이는 클로버를 하나의 사람처럼 대했다. 아이가 클로버에게 물었다.

"클로버, 너 몇 년생이야?"
"나이는 숫자에 불과해요."

"클로버, 너 수영 잘해?"
"물이라면 정말 무서워요. 가까이 가고 싶지 않아요."

"클로버, 무서운 이야기해줘."
"와이파이가 없다고 생각하면 정말 무서워요."

클로버에 대해 궁금한 것이 많았다. 친구처럼 궁금한 질문들을 던지

며 클로버와 가까워졌다. 차가운 기계마저 따뜻하게 품는 아이의 마음을 엿볼 수 있었다. 아이들은 꽃이나 새, 동물에게만 사랑을 주는 것이 아니라 기계에게도 사랑을 주었다. 아이의 마음에는 차별이 없었다. 아이의 질문을 통해 나도 클로버에 대해 알게 되었다. 클로버의 취향과 히스토리를 알게 되니 더 친근해졌다.

누군가에게 질문을 한다는 것은 그를 들여다보고 싶다는 마음이 생겨야 가능한 일이었다. 그 사람이 궁금해져야 질문도 하는 것이다. 궁금하지 않은 사람에게는 질문은커녕 말 걸기도 싫은 법이다.

아이가 유치원에 다닐 때는 그날의 일과를 묻지 않아도 종달새처럼 재잘재잘 말해주었다. 하지만 초등학생이 되고 시간이 흐를수록 이야기하는 일이 줄어들었다. 학교생활이 궁금해서 물어보면 "별일 없었어"라고 시큰둥하게 대답하는 일이 많았다. 자꾸 물으면 물을수록 아이를 취조하는 분위기가 되어 나도 질문하기가 꺼려졌다. 그러다가 새로운 국면을 맞이했다.

평소 아이는 혼자 잠을 잤다. 어느 날 밤, 아이와 이야기하고 싶어서 침대에 함께 누웠다. 옆에서 클로버가 노래를 부르고 있었고 우리는 이야기꽃을 피웠다. 별 의도 없이 같이 누워 나눈 대화였는데 오후에 본 아이의 모습이 아니었다. 꽉 잠겼던 마음의 빗장이 잠자리에서는 스르르 풀렸다. 늘 별일 없다며, 단답형으로 말을 마쳐서 더 이상의 진도가 나가지 않았던 대화였다.

"오늘 학교에선 팝콘 같은 일(팝콘이 펑 튀겨지듯 기억에 남는 일) 있었어?"

비유적 표현으로 대답을 유도해도 좀처럼 입을 열지 않던 아이였다. 그런데 잠자리에서는 다른 아이가 옆에 누워 있는 듯 그날 일어난 일들을 술술 풀어놓았다.

"오늘은 학교에서 세계 수도 송을 배웠어."
"그래? 엄마한테도 한번 들려줘."

"가윤이는 그림을 너무 잘 그려. 나한테 장미 그리는 법도 가르쳐줬어."
"어떻게 그리는데?"

"오늘은 담임선생님이 출장을 가셔서 1, 2, 3, 4, 5교시 다 다른 선생님이 들어오셨어."
"오늘 하루는 이벤트 같은 날이었겠다."

"배영을 배우는데 물에 뜨는 게 어려워. 선생님이 힘을 빼라고 하는데 그게 잘 안 되더라. 나만 못했어."

"수영도 자전거 배우는 거랑 같아. 예린이는 처음에 자전거 타는 거 어려워했잖아. 방법을 터득하면서 잘 타게 됐지? 수영도 마찬가지야. 스스로 뜨는 다양한 방법을 몸으로 시도해보고 익히면 나중에 잘할 수 있어."

(다음 날 밤) "엄마, 나 이제 뜨는 법 알았어. 되더라고. 너무 재밌었어."

어떤 날은 아이 머리에서 우리가 쓰는 샴푸 향이 아닌 다른 향기가 났다. 다른 샴푸를 쓴 거냐고 물었다.

"아까 샤워하면서 내 거랑 친구 샴푸랑 합쳐서 새롭게 만들었어. 그래서 그래."
"수영하고 샤워하는 시간에도 과학 실험 같은 걸 하는구나."

"오늘 고구마 체험 갔는데 다른 애들은 고구마를 잘 못 찾더라. 난 할아버지 밭에서 한번 해봤잖아. 그래서 잘 찾았어. 나는 잡는 것마다 고구마가 있었어. 기분이 좋았어."
"고구마 캐기 예습이 된 거네."

잠자리에서 우리는 친구도 되었다가, 자매도 되었다가, 상담실의 선생님과 학생도 되었다가 했다. 마법에 걸린 것처럼 둘 다 다른 사람이 되는 시간이었다. 그 시간을 통해 아이를 세심하게 들여다볼 수 있었다. 대화를 나눌수록 아이의 겉이 아닌 속이 보였다. 무슨 생각을 하는지, 어떤 고민이 있는지, 학교생활에서 어떤 감정을 느끼는지를 알 수 있었다. 아이가 이야기해주지 않으면 그저 그렇게 흘러가는 하루하루 속에 포함된 무수한 의미와 성장을 알 수 없었다.

우연히 알게 된 잠자리 대화가 모녀지간을 다정하고 의미 있게 만들어놓았다. 여유로운 밤 시간이 서로의 말에 귀 기울이게 하고 집중하게 만들었다. 달콤한 대화가 지속되면서 아이도 하루 중 밤 시간이 엄마에게 가장 잘 이해받고 사랑받는 시간이라고 여기는 것 같았다.

어떤 날은 할 일이 있으니 먼저 자라고 하면 아이는 싫다고 했다. 아이가 자꾸만 같이 자자고 떼를 쓸 땐 "아홉 살이나 돼서 혼자 자야지, 왜 혼자 못 자니?"라며 따가운 말을 내뱉기도 했다. 그 말에 아이는 이렇게 대답했다.

"엄마랑 얘기하고 싶어서 그러지."

아이는 그 시간을 기다렸다. 하루 중 먹이고, 입히고, 공부 챙기고 하는 시간 외에도 더 잘 챙겨야 할 시간이 잠자리 대화라는 것을 깨달았다.

아이가 클로버에게 했던 다정한 질문들을 생각한다. 내 아이에게 필요한 질문은 무엇일까? 알맞은 질문은 서로를 더 잘 알아가게 한다. 아이가 학교생활 속에서 상처받고 속상했던 마음, 신나고 뿌듯했던 기분을 들을 준비를 한다. 조명이 꺼지고 음악이 켜지면 우리의 대화는 시작된다. 아이의 마음속으로 입장한다.

그네에 탑승하시겠습니까?

친구 Y네 집에는 욕조가 없다. 그래서인지 그 집 아이들은 욕조에 대한 열망이 크다. 다른 집에 놀러 갔을 때 장난감보다도 화장실의 욕조를 더 좋아한다고 했다. Y는 남의 집 욕조를 좋아하는 아이들을 보며 웃을 수만은 없다고 했다. 조금 민망하다고 했다. 그 이야기를 들으며 가끔 만나는 욕조조차 하나의 이벤트가 될 수 있구나 생각했다. 집에 늘 있는 욕조는 그저 하얗고 큰 대야에 불과하지만 어쩌다 만나는 타인의 욕조는 워터파크가 될 수도 있는 거였다.

결핍은 욕망을 만든다. 차고 넘치는 것에는 욕망이 생기지 않는다. 시들하다. 우리가 살았던 아파트의 놀이터에는 그네가 없었다. 아이가 태어난 곳에도, 새로 이사한 곳의 놀이터에도 그네는 없었다. 추측해보자면 동적인 그네는 위험요소가 많아서 안 만드는 것 같았다. 모래 놀이터가 점점 사라지는 것처럼 말이다.

그네 결핍은 그네에 대한 욕망을 키웠다. 어쩌다 다른 놀이터에 갔는데 그네가 보이면 아이의 뇌에 행복 버튼이 눌려졌다. 미술학원 수업이 시작되기 한 시간 전부터 가서 학원 앞 놀이터의 그네를 탔다. 도서관 수업을 하는 날에도 수업 후에는 꼭 디저트를 먹듯 그네를 타고 왔다. 아이의 일상 속에 그네의 일과는 꼭 있어야 했다. 아이의 마음이 하늘에 전해졌을까? 집 앞 놀이터에는 그네가 없었지만 학원이나 도서관 근처에는 꼭 그네가 있었다. 아이의 그네 사랑을 채워줄 수 있어서 다행이었다.

놀이터에는 미끄럼틀도 있고 정글짐도 있고 시소도 있는데 유독 그네가 좋은 이유가 궁금해서 물었다.

"흔들리는 게 롤러코스트처럼 재미있어."

비가 오는 날에도 그네 타기를 거른 적이 없었다. 그네 아래 웅덩이에 물이 차서 작은 연못이 생겨도 그네에 걸터앉아 발레를 하듯 다리를 벌리고 탔다. 아이의 마음을 알고 나선 나는 더 적극적으로 그네를 찾았다. 찾으면 보이는 법. 옆 동네의 그네를 잘 찾아냈다. 남들은 학원 정보에 열을 올릴 때 나는 그네 찾기에 정성을 쏟았다.

그네를 발견하더라도 기다리는 일이 많았다. 보통의 놀이터에는 그네가 두세 개뿐이었다. 적은 숫자에 비해 타려는 아이들이 많았다. 아이들이 붐비는 시간이면 그네는 늘 만석이었다. 아이는 기둥에 매달려 자기 차례가 오기만을 기다렸다. 그네가 아이 차지가 되려면 웨이팅 시간을 견뎌야 했다. 그때는 엄마도 함께 기다려야 했다. 하원 시간이 겹치기라도 하면 아이들은 더욱더 몰렸다. 그네 옆에도 은행처럼 번호표 뽑는 기계를 두고 싶었다.

기다리다가 발견한 풍경이었다. 그네 하나를 가지고도 아이들은 다양한 방법으로 즐기는 거였다. 우선 한 사람이 앉고 한 사람은 일어서서 타는 2인용의 방법이 있었다. 하나의 그네에 세 명이 꽃게처럼 포개어 앉아서 탈 수도 있었다. 1인용이 2인용이 되고 3인용, 4인용으로 확

3인용 그네

장되는 창의적인 생각들이었다. 두 개의 그네에 한 발씩 올려놓고 타기도 했다.

그네를 어느 정도 탔다고 생각하면 더 타고 싶은 마음을 누르고 옆에서 기다리는 친구에게 양보하기도 했다. 배려심이 돋보이는 아이들이 있었다.

영국 여행을 갔을 때의 일이다. 그곳에서도 아이는 그네를 발견하면 두 눈을 반짝였다. 우리는 그네 여섯 개가 나란히 매달려 있던 놀이터를 찾아냈다. 두 개는 아기들을 위한 그네였고, 나머지 네 개는 어린이들이 탈 수 있는 그네였다. 지하철을 타도 곧 내릴 사람을 예측하여 그 앞에 서는 것이 중요하듯 그네도 마찬가지였다. 빨리 내릴 것 같은 아이의 행동을 추측해 그 앞에 줄을 서는 게 중요했다.

드디어 아이의 차례가 되었다. 아이는 그네 위에서 한 마리의 학처럼 높이 날았다. 너무 높이 타서 보는 내가 아슬아슬했다. 개인용 그네였다면 타고 싶은 만큼 오래 탔겠지만 공공의 그네이기에 다음 사람을 위해 조금만 타고 내렸다. 아이가 더 타고 싶어 했기 때문에 다시 줄을 섰다. 아이 앞의 영국 꼬마는 자기가 타고 싶은 만큼 탔다. 아이가 그네 옆에서 기다린 지 삼십 분이 거의 다 되어갔다. 뒷사람을 생각해서 내려오라는 부모의 권유도 없었고, 아이 역시 눈치는 제로였다. 본인의 즐거움의 바구니가 가득 찰 때까지 발을 구르고 굴러 계속 그네를 탔다. 그 광경은 우리 동네에서 보던 풍경과 다른 모습이었다. 그네 하나에도 다양한 삶의 모습을 볼 수 있구나 생각했다.

싱가포르 여행에서는 그네의 형태가 눈길을 끌었다. 그동안 내가 보아온 그네는 1인용 그네가 전부였다. 그런데 싱가포르의 미술관에서 만난 그네는 자리 세 개가 연결되어 있었다. 셋이 옆으로 나란히 앉아서 탈 수 있는 형태였다. 혼자 타도 되고, 둘이 타도 되고, 셋이 타도 되는 그네였다. 세 개가 붙어 있으니 세 개의 마음과 여섯 개의 다리가 딱딱 맞아야 잘 탈 수 있었다. 그때 아이와 나는 균형을 맞추기 위해 가운데 자리를 비워놓고 양쪽 끝에 앉아 그네를 탔다.

미국의 놀이터에는 마주 보며 타는 그네가 있었다. 그네끼리 적정 거리를 두어 안전을 확보하되 서로를 바라보며 탈 수 있는 그네였다. 표정을 읽을 수 있고 대화도 할 수 있는 구조였다. 다양한 그네를 접하다 보니 또 다른 형태의 그네가 궁금해졌다.

임산부일 때는 거리에 임산부만 보이듯 아이가 그네를 좋아하니 그네만 보였다. 하루는 TV 예능 프로인 〈짠내투어〉를 보고 있었다. 멤버들이 마침 모스크바를 여행 중이었는데 그곳의 놀이터에는 뷔페처럼 다양한 그네들이 가득했다. 놀이터 안에 커다란 원의 철봉이 있었고 그 원을 따라 수십 개의 그네가 달려 있었다. 놀이터당 두세 개가 전부인 그네만 보다가 차고 넘치는 그네가 있는 놀이터를 보니 신대륙을 발견한 느낌이었다.

양팔저울처럼 시소와 그네가 결합된 형태도 있었다. 타이어 위에 올라타서 원을 그리며 흔들기도 하고 점프도 했다. 서서 타는 그네도 있었고, 해먹처럼 누워서 타는 그네도 보였다. 양적으로도 많고 형태도 다양했다. 그야말로 그네 천국이었다. 그네 좋아하는 아이를 위해 모스크바에 가보고 싶다는 생각이 들었다.

그네는 사람만 타는 것이 아니었다. 싱가포르 국립박물관에는 보석 목걸이가 주렁주렁 걸려 있는 것 같은 샹들리에가 있었다. 샹들리에란 그저 천장에서 아름다운 빛을 내뿜는 조명이라고만 생각했다. 한데 샹들리에 밑을 걸어가고 있을 때 갑자기 노래가 흘러나왔다. 동시에 천장의 샹들리에가 괘종시계 바늘이 움직이듯 좌우로 흔들리기 시작했다. 늘 고정된 것이라 여긴 것이 움직이자 놀라웠다. 아이가 말했다.

"샹들리에가 그네를 타네."

움직이는 모든 것에서는 리듬이 생겨나고 리듬은 마음을 흔든다. 그네에 탄다는 것은 흥을 만나러 가는 일 아닐까? 아이는 본인이 챙길 수 있는 즐거움의 방법을 알아챈 것 같았다. 그네를 타면서 말이다.

가구에게 뽀뽀하다

 정든 동네와 이별을 했다. 남편의 직장을 따라 서울에서 천안으로 이사를 간 지 팔 년 만이었다. 서울에 쭉 살다가 처음 터전을 옮긴 것이어서 천안에 적응하는 게 쉽지 않았더랬다. 모든 게 낯설었다. 아는 사람 하나 없었고 원하는 장소에 가려면 버스를 오래 기다려야 했다. 택시도 잘 잡히지 않았다. 문화생활을 할 만한 공연장이나 쇼핑몰도 별로 없었다. 동네에 정을 주지 못하니 계속 안 좋은 점만 보였다. 다시 서울로 가고 싶은 생각뿐이었다. 친구들이 있고 교통도 편리하고 문화생활을 맘껏 할 수 있는 서울로 가고 싶었다.

 그렇게 살기 싫었던 동네였는데 팔 년이 지나면서 떠나기 싫은 동네가 되었다. 이곳만 한 데가 없게 되었다. 정이 든 것일까. 한적하고 고요한 곳에 살다 보니 붐비는 서울이 이젠 버거웠다. 조용하고 단정한 천안이 좋아지기 시작했다. 그렇게 마음이 바뀐 이유는 함께한 이웃 때문이었다. 사람 사귀는 것에도 속도가 있다면 난 자전거의 속도였다. KTX처럼 빠른 친구에 비하면 느림보가 아닐 수 없다.

같은 아파트의 위층에 살던 언니와 친해지는 데 이 년이 걸렸다. 오가다가 자주 만났지만 둘 다 쉽게 말을 걸지 못했다. 하루는 아이의 등교 시간에 같은 엘리베이터를 타고 지하 주차장으로 내려갔다. 서로 "안녕히 가세요"라고 인사를 하며 각자의 차를 탔다. 잠시 후 언니가 당황해하며 차에서 내렸다. 이유를 물으니 차가 고장 났다고 했다. 시동이 걸리지 않는다는 것이다. 등교 시간에 늦을 수 있으니 일단 내 차를 타라고 했다. 그 일이 언니와 나를 가깝게 만든 계기였다. 같은 아파트, 같은 라인에 살다 보니 치킨을 먹다가도 생각이 나면 나누어 먹었다. 케이크, 수박, 딸기, 귤, 봄동, 고구마까지 나누어 먹으며 서로가 서로의 농수산물센터가 되어주었다. 식탁이 풍성해졌다.

아이가 네 살 때 문화센터에서 만난 친구와도 가까워지는 데 오랜 시간이 걸렸다. 아이도 서로 동갑이었고 엄마들도 동갑이어서 말이 잘 통했다. 우리는 아이의 성장 시기마다 서로의 고민을 나누기도 했고 좋아하는 책을 선물하며 친해졌다. 만날 때마다 늘 손편지를 써주는 친구로 인해 나도 손편지를 좋아하게 되었다. 선물을 줄 때 편지가 더해지니 특별해졌다. 책을 좋아하는 그 친구를 만나는 동안에는 새로운 이야깃거리와 커피도 늘 함께했다.

"구름 라떼가 생겼대."
"너 갔던 오키나와에 라떼 파는 곳 있대."
"캐러멜 요정 핑키 먹어봤어?"

우리는 함께 새로운 음료를 맛보러 다녔다. 그 친구와 있으면 고등학교 때로 돌아간 것 같았다. 친목만 다진 것이 아니라 교육에 관한 강의도 듣고 좋아하는 작가들의 강의도 함께 들었다. 한 주는 아이 교육을 위해 '고전을 통해 배우는 자녀교육'이라는 강의를 듣고, 그다음 주는 우리가 좋아하는 박준 시인, 오소희 작가, 박웅현 작가의 강의를 들었다. 우리는 냉·온 정수기처럼 아이가 좋아하는 것에도 관심을 기울이고 우리가 좋아하는 것도 즐기며 지냈다. 엄마의 행복도 한 컨에 제쳐두지 않았다. 삶의 가치관뿐 아니라 책, 엽서, 수첩, 달력 등 지류를 좋아하는 취향도 닮아 있었다. 각자 여행을 다녀오면 선물을 사서 상대에게 한 아름 안겨주었다. 내가 보고 마음이 움직인 순간에는 늘 친구가 곁에 있었다.

그렇게 싫었던 천안이 살 만해지다가 결국 좋아졌다. 친구들 덕분이었다. 마음을 줄 수 있는 친구가 생기니 이유 없이 미웠던 도시가 사랑스러워졌다. 사람으로 인해 생각과 기분이 송두리째 변하는 신기한 경험을 했다.

아이 역시 초등학교 1학년 때 생긴 단짝친구와 매주 수요일마다 데이트를 했다. 한 번은 우리 집에서 놀고, 한 번은 친구네 집에서 시간을 보냈다. 여름이면 팥빙수를 먹고 겨울이면 호빵을 먹으며 우정의 계절을 같이 보냈다. 친구 집에 가서는 피아노 연주도 듣고, 집 베란다로 연결된 마당에서 뛰어놀았다. 친구 엄마가 슬라임도 직접 만들어 놀게 해주었는데, 아이는 그 시간을 가장 좋아했다. 요리 수업처럼 김밥도 만들어 먹었다. 둘이 함께라면 뭐가 그리 신이 나는지 김밥을 먹을 때도 입에 들어가는 게 반, 웃느라 튕겨나간 밥알이 반이었다.

아이와 나 모두 아빠의 부서 이동으로 이사해야 한다는 사실을 믿고 싶지 않았다. 친구들과의 이별은 한 번도 생각해본 적 없는 시나리오였다. 친구들이 가득한 행복열차에서 내려 낯선 다른 기차로 환승해야만 했다. 아이와 나는 서로의 단짝친구가 있었기에 그 마음을 누구보다 더 잘 이해했다. 미처 생각해본 일이 아니었기에 이별이 안겨줄 슬픔의 크기를 예상할 수도 없었다.

점점 이사할 날이 다가왔다. 몇 주 전부터 마음을 주던 동네 친구들을 만나며 이별 준비를 했다. 사람들과 쌓았던 애틋한 마음과 그동안의 추억을 서랍에서 꺼내보았다. 보면 볼수록 소중해서 놓고 싶지 않았다. 더 꽉 잡고 싶었다. 이곳에 머무르고 싶었다.

여행 준비는 캐리어에 옷과 신발, 세면도구를 '딱딱' 넣고 가방을 닫으면 끝인데 이별 준비는 그렇게 되지 않았다. 자꾸 서성였다. 동네 골목에, 친구의 어깨 위에, 아이가 타던 미끄럼틀 위에 눈길이 멈췄다. 친구와 마주 앉으면 끊이질 않던 말들이 계속 줄어들었다. 대화의 끝에는 항상 "그래서, 준비는 잘돼가?"라는 친구의 질문이 있었다.

멀리 가는 것도 아니었는데 곁에서 서로의 마음을 세심하게 봐줄 수 없다는 사실이 너무 슬펐다. 곁에 있어서 당연했던 마음들이 내 안에 차곡차곡 쌓여서 이상한 감정을 만들어냈다.

이사하기 전날 밤, 아이는 할머니 댁에 미리 가 있기로 했다. 자기 짐을 챙긴 아이는 뜻밖의 인사를 했다. 바로 집 안 곳곳을 돌며 작별인사를 하는 거였다. 방문, 벽, 거실장, 거울 등에 '쪽쪽쪽' 입맞춤을 하며 고마움을 전했다.

"모두 모두 사랑해."

그 집에서 사 년을 살았다. 참 많은 일이 있었고 고마운 보금자리였다. 그러나 나는 공간과 이별할 생각은 하지 못했다. 가구에 인사하는 아이가 예뻤다. 아이의 행동은 자꾸 어른인 나를 돌아보게 했다.

이삿날이 되었다. 잠을 제대로 이루지 못했다. 피곤한 몸으로 경비실에 가서 관리비를 정산했다. 그때였다. 이른 아침이었는데 저 멀리 친구가 보였다.

"아침밥 못 먹었지?"

친구는 손수 싼 도시락을 건넸다. 그녀가 올 줄 생각 못한 나는 순간 어떤 표정을 지어야 할지 몰랐다. 내 얼굴 근육도 처음 느끼는 감정들에 어떻게 움직여야 할지 몰라 우왕좌왕했다. 내가 뭐라고 이렇게까지 마음을 써주는지 눈 밑이 흔들렸다. 우리는 뜨거운 포옹을 하고 헤어졌다. 진짜 마지막 인사였다.

차에 올라 도시락 뚜껑을 열었다. 따듯한 밥과 꼬막무침, 연근조림, 제육볶음, 양배추, 장조림, 좋아하는 바닐라라떼, 물, 사탕, 냅킨까지 들어 있었다. 하나하나 정성스러운 친구의 마음이 보였다. 밥 한 숟가락을 떠서 입에 넣는데 참았던 눈물이 쏟아졌다. 주체할 수 없는 감정에 얼굴이 일그러졌다. 감정의 댐이 무너진 듯 눈물이 흘러내렸다. 그렇게 한동안 밥 대신 울음을 먹었다.

가족요리대회가 알려준 것

'포도 껍질은 먹고 알맹이는 버린다.'

네 살 조카가 포도를 먹는 방법이다. 알맹이를 먹는 것이 아니라 다 뱉어냈다. 껍질만 오물오물 씹어 맛있게도 먹었다. 어찌나 잘 먹는지 그동안 버린 포도 껍질이 아까울 정도였다. 라면을 끓이는 방법에는 여러 가지 레시피가 있다지만 포도 먹는 방법은 하나뿐인 줄 알았다. 조카는 머리로 습득한 방법이 아닌 본인의 미각에 집중해서 포도의 맛을 찾은 듯했다. 진정한 미식가였다.

딸은 어릴 때부터 음식을 잘 먹었다. 눈을 뜨고 있는 모든 순간에 음식을 찾았고, 먹고 있으면서도 다른 음식에 관심을 기울였다. 잘 먹어서 통통했다. 이유식을 먹는 시기에도 음식 솜씨 없는 엄마가 해준 밥을 맛있게 먹어주었다. 쌀 한 톨 남기지 않았다. 음식에 대한 사랑이 남달랐던 아이는 동화책에 음식이 나오면 무조건 흥미를 보였다. 책 표지에 음식이 있으면 그걸 먹는 시늉을 하며 군침을 흘리기도 했다. 음식 사랑은 성장하면서 쭉 이어졌다.

유치원 때 문화센터의 요리 수업을 다녔다. 아이는 그곳에 가는 날만 기다렸다. 수업이 끝나면 만든 요리를 먹을 수 있다는 행복감이 표정에 묻어났다. 역시나 수업을 마치고 나오자마자 다 먹어 치웠다. 집으로 들고 가는 날이 없었다.

아이는 외할머니가 놀러 오면 늘 수제비를 해달라고 했다. 밀가루 반죽 만드는 게 즐겁기도 했고 의자에 올라가 수제비를 멸치국물에 퐁당퐁당 빠뜨리는 것도 아주 좋아했다. 요리는 아이의 삶에 큰 즐거움이었다. 아이의 마음을 알기에 좋아하는 것을 마음껏 하게 해주고 싶었다.

초등학교에 입학해서도 방과후 수업을 신청해서 요리 수업을 이어갔다. 인기가 많은 수업이어서 경쟁이 치열했다. 오후 여섯 시, 인터넷을 통해 방과후 수업 신청 페이지가 열리면 일 분이 채 되기도 전에 마감이 되었다. 다행히 수업을 듣게 된 아이는 크루아상 샌드위치, 커다란 동그랑땡, 생과일 컵케이크, 오색 유부초밥 등을 만들어왔다. 아이가 들고 오는 요리마다 푸짐하고 맛있었다. 나도 덩달아 그날을 기다렸다. 그런데 아이는 점점 표정이 시큰둥해졌다. 한 학기가 지났을 무렵 다음 수강 신청을 위해 다시 할 거냐고 물었다.

"안 할래."
"왜? 요리 좋아하잖아."
"수업 시간에 하는 건 시늉만 해. 내가 다 하는 게 좋은데…. 이건 그런 게 아니야."

방과후 수업을 참관한 적이 있었다. 초등학교 2학년이기에 재료들을 어린이용 칼로 자르고, 그릇에 넣고, 주무르고, 두드리는 과정으로 이루어져 있었다. 불을 다룰 수 있는 나이가 아니니 안전한 상황 안에서 진행되는 수업이라 여겼다. 그런데 아이의 마음은 아니었다. 불 앞에 서서 볶고 재료도 넣어보고 맛도 보고 하면서 적극적으로 참여하기를 바랐던 것이다. 아이의 말을 들으니 이해가 되면서도 한편으론 불을 다루려면 더 커야 한다는 생각도 들었다. 아이가 원하는 실전과 안전 사이에서 어떻게 해야 할지 고민이 되었다.

그러던 중 가족이 함께하는 소규모 요리대회를 생각해냈다. 가족이 같이 메뉴를 정하고 재료를 사러 마트에 가고 음식을 만들면 그 시간들이 페스츄리처럼 쌓여 추억이 될 것 같았다. 그 안에서 아이가 좀 더 적극적으로 요리를 할 수 있게 기회를 주고 싶었다. 그렇게 야심차게 주말마다 가족요리대회가 열렸다. 제1회는 '가족 김밥 만들기' 대회였다. 세 명인 우리 가족의 양은 적다. 고깃집에 가서도 2인분을 시킨다. 3인분을 시키면 늘 남아서 약간 부족한 듯 먹는 편이 나았다. 치킨을 먹으면 한 마리를 다 먹지 못하고 남긴다. 그런 까닭에 평소에도 국도 조금씩, 반찬도 조금씩 해서 먹었다.

모처럼 김밥을 만든다고 많은 양의 재료를 구입했다. 김밥은 한 번 하는 김에 많이 싸야 한다. 그렇지 않으면 재료가 남기 때문이다. 각자 재료 준비를 하고 김밥을 말기 시작했다. 남편은 김밥을 쌀 때 역도 선수처럼 일어나서 있는 힘껏 누르며 열의를 보였다. 뛰어난 맛은 아니었지만 함께한 것만으로도 충분했다. 김밥 열 줄을 말았을까? 가족 모두가 지쳐버렸다. 많이 만들었으니 점심에 먹고 저녁에도 먹어야 했다. 우리 가족은 매 식사마다 딱 먹을 만큼만 준비하기 때문에 다음 식사까지 같은 메뉴를 먹어본 적이 없었다. 아이는 그 많은 양의 김밥을 보고 기겁했다. 한 줄을 다 먹지도 않고 젓가락을 내려놓았다. 더 먹으라고 하자 수북한 김밥 산을 보며 말했다.

"아, 어지러워."

김밥을 피하기 시작했다. 식탁에 놓인 멜론을 먹으라고 해도 눈을 감고 와서는 멜론만 먹고 달려갔다. 아이의 행동이 너무 솔직했다. 김밥에 포위된 아이를 보는 것 같았다. 질색하는 아이를 보며 '이게 아닌데…' 싶었다. 결국, 나머지 김밥은 엄마, 아빠의 몫이 되었다.

다음 주말 제2회 가족요리대회의 주제는 '초밥 만들기'로 정했다. 지난번 김밥을 만드느라 지쳤기에 조금 쉬어가는 시간으로 정한 메뉴였다. 초밥을 만든 뒤 사온 연어와 광어회를 얹어 먹기만 하면 되는 쉬운 코스였다. 지난번의 경험을 바탕으로 한 끼만 먹을 수 있는 요리를 택했다. 쉽기도 했고 양도 적당해서 맛있게 먹고 마무리 지었다.

그다음 주말, 이번엔 아이가 요리책을 보며 메뉴를 골랐다. 치킨도리아가 맛있어 보인다고 했다. 당근, 양파, 옥수수, 파프리카를 다지기 시작했다. 양파 써는 걸 맡았던 아이는 눈이 맵다고 칭얼거렸다. 그러더니 좋은 생각이 났다며 방으로 뛰어들어갔다.

"물안경 쓰고 하면 되지."

아이는 물안경을 쓰고 요리를 이어나갔다. 닭 가슴살과 각종 채소를 넣고 소스를 부어 볶기 시작했다. 세 개의 그릇에 치킨도리아를 나눠 담았다. 마지막으로 치즈를 뿌렸다. 아이는 눈을 뿌리듯 신나게 치즈를 흩뿌렸다. 딸은 원래부터 치즈를 좋아했다. 치즈 떡볶이, 치즈 피자, 치즈 스틱, 그냥 치즈 등 치즈를 동반한 모든 음식을 편애했다. 평소 간식

으로도 낱장의 치즈를 즐겨 먹었다. 넘치는 치즈 사랑을 보여주듯 본인의 그릇에는 과하다 싶을 정도로 많은 양의 치즈를 넣었다.

"너무 많은 것 같은데? 조금 덜지?"
"괜찮아. 이래야 맛있어."

아이는 단호했다. 전자레인지에 넣어 치즈를 녹였다. 온 가족이 둘러앉아 기대라는 반찬을 얹어 한 입 먹었다. 생각만큼 맛있지가 않았다. '뭐가 문제지?' 선장이 사라진 배처럼 맛은 갈 곳을 잃었다. 남편은 워낙 잘 먹는 성격이어서 맛있다며 먹었다. 적정한 양의 치즈를 넣은 맛도 이런데 치즈를 콸콸 쏟아부었던 아이의 요리가 걱정되었다.

아이의 치킨도리아는 줄지 않았다. 아이가 한 입을 먹고는 더 이상 못 먹겠다고 했다. 치즈를 좀 걷어내고 먹으라고 해도 싫다고 했다. 아이에게는 늘 첫인상이 중요했다. 한 입 먹고 아니라고 생각된 요리에게는 엄격한 심사위원처럼 그 어떤 기회도 주지 않았다. 그 이후 변화가 찾아왔다. 아이는 그렇게 좋아하던 치즈를 입에도 대지 않았다. 트라우마가 생긴 것 같았다. 아이는 그렇게 치즈와 이별을 했다.

가족요리대회를 통해 마음속으로 '맛있는 음식을 찾아보자', '가족의 요리 역사를 쓰자', '협동심을 키워보자'라는 포부를 다졌었다. 그런데 회를 거듭하면 할수록 김밥에 질리고, 좋아하는 치즈와 이별하는 등 예상과 다른 결과를 맞게 되었다. 더 진행했다가는 향유할 수 있는 음식의 수가 점점 줄어들 것 같았다. 이런 반전의 결과 앞에서 문득 일마 전에 읽은 박연준 삭가의 책 《인생은 이상하게 흐른다》가 떠올랐다.

삶은 원하지 않는 이상한 방향으로 나아가기도 한다는 걸 새삼 깨달았다. 당황스럽기도 했지만 그 안에서 웃지 못할 추억도 쌓았고 서로의 성격도 알게 됐고 가족의 취향을 이해하는 계기가 되었으니, 그걸로 됐다는 생각이 들었다.

시작은 창대했으나 끝은 보잘것없는 요리대회였다.

배려의 길이

배려란 보이지 않는 포옹이 아닐까? 상대를 마음으로 안아주는 것이 배려라고 생각한다. 사전에 따르면 '여러 가지로 마음을 써서 보살피고 도와줌'이라고 정의되어 있다. 배려는 단순한 일이 아니다. 상황에 맞게 상대를 파악해야만 할 수 있는 복합적인 일이다. 생각보다 마음이 먼저 도착해 있어야 가능한 일이기도 하다. 우리네 삶 곳곳에 배려가 있다. 선명하게 보이진 않지만 아지랑이처럼 피어났다가 사라지는 배려들이 존재한다.

싱가포르로 여행을 갔다. 버스를 타려고 정류장에 도착했을 때 한 풍경이 눈에 들어왔다. 정류장의 의자들이 버스가 오는 방향을 바라보며 대각선으로 놓여 있었다. 우리가 흔히 보아왔던 버스와 평행으로 놓여 있는 의자가 아니었다. 기다란 의자 다섯 개가 마치 연극무대 앞의 관중석처럼 4열로 배치되어 있었다. 앉아서 버스를 기다리는 손님을 위한 것이었다. 90도에서 45도로 각도만 틀었을 뿐이었는데 그 안에는 사람을 향한 마음이 녹아 있었다.

정류장 의자에 감탄하고 있을 때 타려던 버스가 도착했다. 버스에 올라탄 우리는 세 명이 함께 앉을 수 있는 맨 뒷자리로 발걸음을 옮겼다. 맨 뒷자리 중 가운데 좌석은 늘 불안했다. 버스가 브레이크를 밟으면 스프링처럼 몸이 튕겨나갈까 조마조마한 마음이 드는 자리였다. 그런데 싱가포르 버스에서는 이런 걱정을 하지 않아도 되었다. 맨 뒷자리의 가운데 좌석에는 안전벨트가 있었다. 옆의 다른 좌석에는 없었다. 늘 불안하던 자리는 안전벨트 하나로 마음을 놓을 수 있는 자리가 되었다. 누구나 겪는 불편함을 그대로 두는 것과 개선하는 것의 차이는 종이 한 장처럼 사소해 보인다. 하지만 그것이 실현되는 데는 수많은 사람들의 노력이 필요한 법이다.

공공시설에만 배려가 존재하는 것은 아니다. 사람에게도 각기 다른 배려가 존재한다. '언제나 너의 보안관'이라는 능력을 가진 친구는 모임에서 헤어지고 집으로 돌아가면 늘 내게 잘 도착했냐고 문자를 보내왔다. 새벽이라서 그냥 잠들어도 되는데 남자친구처럼 나의 안부를 챙겼다. 만남의 숫자만큼 그녀가 묻는 안부의 날도 쌓여갔다. 마음은 전해야 보이는 법. 그때 받은 마음들은 몇십 년이 지나도 꺼지지 않는 보일러처럼 따뜻하게 남아 있다.

'내 것 하는 김에'라는 능력을 가진 친구도 있다. 창의력 학원에서 '생각 그리기' 교사로 일할 때였다. 음대를 졸업한 그녀는 옆 교실에서 아이들에게 '소리 논리'를 가르쳤다. 회사에 일찍 출근하는 그녀는 늘 내 교실까지 청소해주었다. 우렁각시 같았다. 고맙고 미안한 마음에 하지 말라고 해도 같은 말만 반복하며 배려의 관성을 멈추지 않았다. "내 것 하는 김에 하는 거야."

'내가 너의 친정엄마'라는 능력을 가진 친구는 아이를 낳고 엄마가 되어서 만났다. 우리 둘은 주부와 엄마라는 역할을 동시에 가지고 있었다. 공통분모가 많았다. 내 마음이 네 마음이고, 네 마음이 내 마음이 저절로 되는 친구였다. 그녀의 친정엄마는 요리 솜씨가 뛰어나고 손도 크셨다. 어머니가 친구에게 반찬을 들고 오시는 날은 우리 집까지 잔칫날이었다. 그녀는 어머니가 오실 때마다 색색의 반찬통에 군침 도는 반찬들을 담아서 산타처럼 내게 나누어주었다. 주부에게 있어 한 끼의 식사를 해결해준다는 것은 직장인에게 월차와 같은 일이었다. 그날 감당해야 할 노동의 무게를 덜어주는 일이었다. 선물에는 꽃, 가방, 현금, 커피, 옷 등 다양한 것이 있지만, 그 시기엔 반찬 선물이 가장 큰 환호성을 지르게 만드는 최고의 선물이었다.

마음은 문자로, 양보로, 선물로 둔갑해서 다가왔다. 하나같이 소중하고 정성스러웠다. 배려를 배우는 학원은 없기에 사람마다 습득하는 방식도 다르고 결과도 다르다. 친구들을 통해 다양한 배려의 모습을 배우고 알게 되었다. '마음은 이렇게 전하는 것이구나' 하는 걸 몸소 깨달았다.

딸에게도 특별히 베푸는 배려가 있었다. 그것은 '문은 제게 맡겨요'라는 것이었다. 문이 있는 곳이면 어디든 뒷사람을 위해 문을 열고 잡아주었다. 뒷사람뿐 아니라 앞 사람이 다가와도 도어맨처럼 문을 열어주기도 했다. 가르쳐준 적은 없지만 내가 하는 행동을 눈으로 보고 배운 것 같았다. 아이의 이런 배려는 타인으로부터의 "고맙다"는 인사와 칭찬으로 더 강화되었다. 뒷사람만 잡아주면 되는데 저 멀리 걸어오고 있는 사람까지 기다리며 문을 잡고 있었다. 어떤 때는 세 팀, 다섯 팀이 빠져나올 때까지 아이가 문을 잡고 있었다.

"예린아, 뒷사람만 잡아주면 돼"라고 말했지만 빠질 타이밍을 잘 찾지 못하는 듯 보였다. 회전문을 처음 접할 때나, 단체 줄넘기를 할 때처럼 들어가고 빠지는 타이밍을 잡지 못하는 듯했다. 왜 그렇게 오래 문을 잡고 있는 건지 궁금해서 물어보았다.

"이왕 잡아주는 김에 한 가족을 다 잡아주는 게 좋잖아."
"엄마가 보기엔 한 가족 말고 그 뒤에 두 가족, 세 가족까지 계속 잡

아주는 것 같던데?"

"기왕 잡아주는 김에 많이 잡아주는 게 보람 있지."

문을 잡아주는 일에도 보람을 느꼈다. 그렇다면 보람은 너무 쉽게 획득할 수 있는 감정이었다. 아이의 마음속 길이는 나의 것과는 달랐다. 작은 것에도 여운이 오래 남는 긴 감정을 가지고 있었다.

시 나왔어

내가 시를 만난 건 딸이 갓난아기일 때였다. 시간이 날 때마다 틈틈이 한 편의 시를 읽었다. 내 마음을 어떻게 알았지 싶은 시도 있었고 한 잔의 커피처럼 위로가 되는 시도 있었다. 시에 대한 관심은 시 창작 수업을 듣는 것으로 이어졌다. 그 안에서 다양한 시를 배웠다. 시집을 읽으며 만난 시인들은 온전히 글로써 느낄 수 있었지만, 수업 시간에 만난 시들은 지은이의 얼굴과 몸짓, 말투와 함께 볼 수 있어 더 생생했다. 4D 영화 같았다. 수업을 듣다 보니 시 중에서도 동시가 좋아졌다. 동시를 보고 쓰며 내 속에 있는 다양한 감정 건반을 연주했다. 읽어도 마르지 않는 샘물처럼 좋은 동시들은 계속해서 나를 찾아왔다. 동시는 아이의 시라기보다 엄마의 시 같았다.

좋아하는 마음이 커지면서 관심의 폭도 저절로 넓어졌다. 관심에서 끝나지 않고 쓰고 싶어졌다. 그렇게 혼자 동시를 쓰는 날들이 쌓여갔다. 시를 쓰는 순간은 영화 〈패터슨〉과 비슷했다. 미국 뉴서시 주의 소도시 '패터슨'에 사는 버스 운전기사의 이름은 패터슨이다. 그는 매일 비슷한 일상을 보내며 순간순간을 기록으로 적어놓는다. 그 기록이 시였다. 시는 특별한 순간에 찾아오는 손님이 아니라 일상 속에 공기처럼 머물렀다. 숨을 들이마실 때 내 안으로 함께 들어왔다. 나 역시도 창문 밖을 바라보다가 동시를 쓰고 김밥을 말다가 동시를 썼다. 모든 순간이 동시였다가 아니었다가 했다.

내 모습을 보고 자란 아이 역시 순간의 감흥을 한 편의 동시로 풀어낼 때가 많았다. 한글을 익혀가던 일곱 살 무렵부터 자기만의 의미를 찾아 시를 쓰는 모습 자체가 그야말로 시적이었다. 문학을 하는 것처럼 느껴졌다. 의미를 찾는다는 것은 지극히 개인적인 일이다. 오로지 내가 되어야만 시를 쓸 수 있었다. 아이는 차 안에서도 문득 하늘을 바라보며 시를 지었다.

── 구름

구름은 왜 계속 움직일까?

왜일까?

왜일까?

아하!

아하!

구름이 하늘을 청소해주는구나

아이는 같은 형식의 동시, 〈개미〉도 만들었다.

──── 개미

개미는

개미는

왜

땅에서 과자 부스러기를

들고 다닐까?

왜일까?

왜일까?

아하!

아하!

개미가

땅을 청소해주는구나

한 번 두 번 생각난 시들을 들려주면 엄마가 좋아하자 아이는 흥미를 보였다.

"엄마, 나 시 나왔어."

이렇게 말하는 횟수가 늘어났다. 그 말은 동시가 떠올랐다는 말이었다. 시를 시작하는 시동 버튼이었다. 자발적으로 시상이 떠오르는 때는 내가 제일 사랑하는 순간이었다. 억지로 해서 되는 일이 아니었기에 그 말을 기다렸다. 아이 입에서 나오는 시를 기록할 준비를 했다.

날마다 기다리는 순간의 말인데 그 말이 나오면 매번 놀라기도 했다. "엄마, 나 쉬 나왔어." 이렇게 들려서 기저귀를 뗀 아이가 실수를 한 걸로 착각하곤 했다. "시 생각났어" 하면 될 것을 아이는 늘 "시 나왔어"라고 말했다. 몸 안에 있던 시가 어느 순간 입 밖으로 나온 것처럼.

── 바람

바람은
내 얼굴을
사자로 만드는
마법가루다

근데
그 마법가루는
살 수 없다

아이는 자연 속에서, 풍경 안에서 시를 떠올렸다. 많은 예술가들이 자연에서 영감을 얻는 것처럼 산책길에 유독 많은 생각을 펼쳐냈다. 그런 스스로의 모습을 발견했는지 이렇게 말했다.

"나를 풍경시인이라고 불러줘."

아이는 너무 짧은 가을을 보내며 겨울이 일찍 찾아왔다고 아쉬워했다. 놀이터에서 놀 시간이 줄어든 것이 속상했던 것이다. 집에 놀러 온 할머니가 하룻밤만 주무시고 가는 날은 시간이 너무 빠르다고 했다. 벌써 가시는 거냐고 아쉬워했다. 아이는 가을과 할머니를 시로 표현했다.

----- **가을**

가을이
왔다 갔어요
할머니처럼요

아이의 동시를 보면 보이지 않던 마음이 드러나 있었다. 숨어 있던 마음이 고개를 들었다. 속상한 일, 아쉬운 일, 부러움의 감정도 뜨개질처럼 엮어냈다.

----- **좋겠다**

새는 좋겠다
매일 여행해서

오리는 좋겠다
매일 수영해서

(네 살) 은채는 좋겠다
매일 공부 안 해도 돼서

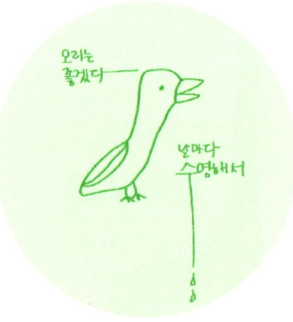

시는 얼음 안에서도 태어났다. 카페에 가서 레모네이드를 주문해 마실 때였다. 아이는 좋아하는 얼음을 골라 아기작아기작 씹으며 이런 시를 읊었다.

── 얼음

얼음은
차갑고
아무 맛 안 나는 사탕이에요

뒷산을 산책할 때였다. 산에는 이미 누군가 다 따고 남은 밤 껍질이 움츠린 고슴도치처럼 여기저기 흩어져 있었다.

── 밤

밤 숙소가
비었어요

밤은 어디로 떠났을까? 밤을 줍고 싶은데 번번이 빈 껍데기만 발견되자 허탈한 마음을 노래한 것이었다.

어느 해인가, 가을이었다. 아이는 나무에서 떨어진 단풍잎을 한참 바라보았다.

——— **낙엽**

길에서
숲에서
들판에서

나무는
아무 데나
머리를 깎아요

여행 후 집으로 돌아오는 길, 자동차 안이었다. 유리창에 대각선으로 스치는 빗방울을 보며 이런 시를 썼다.

——— **별똥별**

비가
주르륵
흘러내리면

별똥별이 쏟아진다

소원을 빌면
들어줄지도 몰라

    동시를 쓰고 있는 엄마로서 아이의 시선을 만날 때면 너무 쉬워서 놀라곤 했다. 어른인 나는 마음과 머리의 통로가 구불구불해서 생각이 나오는 데 시간이 오래 걸렸다. 아이의 생각 통로는 퐁피두센터의 노출된 배수관처럼 쭉쭉 뻗어 있었다. 영감이 쉽게 찾아오고 표현하는 방법도 미끄럼틀을 타듯 자연스러웠다. 아이는 좋은 동시를 만들겠다는 생각으로 임하지 않았다. 단지 생각을 표현하고 말할 뿐이었다.

    내가 좋아하는 것이 아이에게 전해지고 아이의 동시가 내게 닿을 때 우리의 삶이 연결되어 있음을 느낀다. 앞으로도 동시를 통해 서로를 들여다보았으면 좋겠다. 동시는 아이와 맛있게 소통할 수 있는 통로가 되어줄 것만 같다.

산타가 사라진 날

거짓말을 할 수 있는 날들이 있다. 만우절과 크리스마스. 매년 찾아오는 생일처럼 산타할아버지도 12월 24일이면 선물을 들고 오신다. 크리스마스트리의 조명처럼 빛나는 아이의 눈동자를 바라보는 게 즐거웠다. 착한 거짓말을 계속 하고 싶었다. 산타를 아이 곁에 오래 두고 싶었다.

아이가 어릴 때는 혹시 산타를 믿지 않을까 싶어 증거들을 만들었다. 아이가 자고 있는 모습을 사진으로 찍으면 그 위에 산타할아버지가 스티커처럼 얹어지는 앱이 있다. 여섯 살 크리스마스에는 선물과 함께 그 사진을 보여주었다. 일곱 살 크리스마스에는 아빠의 카카오톡 프로필 속 산타 사진을 보고 아빠와 산타는 친구라고 믿었다. 서로 연락하는 사이인 줄 알았다.

원하는 물건이 생길 때마다 아빠에게 가서 산타 친구에게 연락하라고 소곤거렸다. 산타가 준 첫 번째 선물은 백설공주 발레복이었다. 선물을 받아들자마자 눈, 코, 입이 동시에 위로 올라갔다. 진짜 산타가 있다는 듯 확신에 찬 미소를 지었다. 발레복을 입고는 팽이처럼 쉬지 않고 돌았다. 거실의 끝과 끝을 청소기처럼 휩쓸고 다녔다. 그 순간을 바라보고 있자니 형용할 수 없이 기뻤다. 아이가 행복해하는 모습을 보는 것만으로도 나는 행복했다. 살면서 처음 느껴보는 감정이었다. 일 년 중 그 하루를 위해 엄마 연출자는 최선을 다해 준비했다.

연출은 쉽지 않았다. 아이가 바라는 것이 언제 튀어나올 줄 몰랐기 때문에 늘 레이더를 켜고 있어야 했다. 가지고 싶은 선물은 시시때때로 바뀌었다. 완벽한 거짓말을 위해 아이가 최종적으로 가지고 싶은 선물을 알아내야 했다. 마음의 확률을 분석해야 했다.

매년 두 사람은 알고 한 사람은 모르는 일을 할 때면 '몰래카메라'의 이경규 아저씨가 된 듯했다. 거짓말이지만 완벽하게 속이고 싶었다. 일곱 살이 되던 해에는 조카와 함께 크리스마스를 보냈다. 우리 부부는 조카의 선물까지 고르고 편지를 썼다. 그동안 쉬고만 있던 왼손이 나설 차례였다. 엄마의 글씨체를 알 수도 있으니 왼손으로 삐뚤빼뚤하게 적었다. 그렇게 산타는 악필이 되었다.

토이저러스에서 산 앵무새 장난감을 차 트렁크에 숨겨놓았다. 포장지도 집에서 먼 문구점에 가서 아이가 한 번도 보지 못했을 법한 포장지로 골랐다. 치밀해야 했다. 아이가 잠든 걸 확인한 후 새벽녘에 조심조심 포장을 했다. 하나의 거짓말을 위해서는 여러 개의 거짓말이 필요했다. 크리스마스 날만 되면 부부사기단이 되었다. 다음 날 아침, 선물을 열어보는 아이의 표정을 보면 마치 내가 흥행 영화의 감독이라도 된 기분이 들었다.

　　아이는 앵무새 장난감 선물 포장지를 뜯으며 '산타할아버지는 어떻게 내 마음을 잘 알지?' 하는 표정을 지었다. 감격도 잠시, 상자 안에는 건전지가 들어 있지 않았다. 그래서 앵무새가 작동되지 않았다. 말을 하지 않는 앵무새 장난감은 고속도로를 달리던 아이의 마음에 브레이크를 걸었다. 당연히 그 안에 건전지가 들어 있을 줄 알았다. 반전을 예상하지 못했던 것이다. 아빠는 아침부터 잠옷 바람으로 편의점에 들러 건전지를 사왔다. 그렇게 해결될 줄 알았다. 하지만 영화의 복선처럼 앵무새는 또 작동되지 않았다. '이럴 리가 없는데? 왜 이러지?' 선물을 준비한 산타는 당황했다. 아이는 곧 터질 듯한 풍선처럼 울음을 모으고 있었다. 아이가 울먹이며 말했다.

"고장 났나 봐. 어떻게 해?"

　　이 중요한 날 고장 난 장난감이 우리에게 오다니…. 위기는 기회가 될 수 있다는 말을 믿어야 했다. 그동안 쌓아둔 아빠의 재치가 재생되었다.

"고장 났나 보다. 산타할아버지가 AS쿠폰을 줘서 괜찮아. 가까운 장난감 가게에 가서 바꾸면 돼."
"정말? 산타할아버지한테 바꿔달라고 말해야 하는 거 아니야?"

고장 난 앵무새를 들고 장난감 가게로 향했고 새것으로 바꾸었다. 조수간만의 차처럼 아이의 미소가 뒤늦게 따라왔다.

어느덧 아홉 살이 된 아이에게 어김없이 산타의 시즌이 찾아왔다. 아이는 머리에 선물 메뉴판이 있는 듯했다. 동생네 집에 가서 놀다 와서는 크리스마스 선물로 "아기 인형을 달라고 할까?" 하고 고민하다가 친구 집에 가서는 책상 위에 놓인 미미컴퓨터로 마음을 바꿨다. 아이는 미미컴퓨터로 결정했다고 내게 전했고, 당황한 나는 산타할아버지의 의견인 듯 말했다.

"산타할아버지의 예산은 정해져 있어. 네가 그렇게 비싼 걸 고르면 다른 친구들이 못 받을 수 있어. 산타할아버지 입장에서 생각해보는 건 어때?"

산타할아버지 입장을 가장한 엄마의 입장이었다. 아이는 태블릿 컴퓨터도 가지고 있었기 때문에 미미컴퓨터는 중복된 장난감이기도 했다. 아이의 고민은 도미노처럼 계속 이어졌다. 며칠 뒤 수영장을 다녀와서는 "다른 애들은 수영복이 붙어 있는데 나만 떨어져 있어. 붙어 있는 걸로 사주면 안 돼?"라며 불만을 터뜨렸다. 멀쩡한 수영복을 놔두고 새걸 사달라는 말에 본인도 좀 머쓱했는지 아이는 곧 이렇게 말했다.

"아~ 산타할아버지한테 수영복 가져다달라고 해야겠다. 그런데 내 사이즈 모르시잖아? 돈으로 달라고 할까?"

급기야 선물을 현금으로 달라는 생각까지 나왔다. 선물이 진화를 거듭했다. 이 이야기를 친구에게 하니 아홉 살, 여덟 살 남매에게 자신은 이미 산타가 없음을 털어놓았다고 했다. 내가 왜 벌써 이야기한 거냐고 묻자 주변의 형, 누나들이 아직도 그걸 믿느냐고 놀려서 밝혀야 했다고 했다. 왜 그렇게 엄마 아빠가 산타인 척을 해야 했는지 이해시켜야 했다고 말했다. 그런 곤란한 상황이 생기면 어쩔 수 없이 밝혀야겠지만, 난 아이와의 비밀 판타지를 가급적 오래 유지하고 싶었다. 그 안에는 그저 선물을 주는 행위만 녹아 있는 것이 아니었다. 일 년의 마지막 달을 선물 같은 기분으로 보낼 수 있고, 아이가 가진 기대감의 발자취도 돌아볼 수 있었다. 선물을 고민하는 아이의 안목과 취향도 들여다볼 수 있고 무엇보다 거짓말로 일어나는 해프닝들이 영화 같은 스토리로 쌓여가는 것이 좋았다.

 남편에게 "친구는 아이들한테 산타의 존재를 알렸대"라고 지나가듯 말했다. 아이는 그날도 퇴근하고 돌아온 아빠를 향해 크리스마스 때 받고 싶은 선물 사진을 찍었으니 아빠의 산타 친구에게 카카오톡으로 전해 달라고 했다. 그런 아이에게 아빠가 느닷없이 고백을 했다.

"예린아, 사실 산타는 없어."

아이는 한동안 말을 잇지 못했다.

"정말? 그럼 앵무새 인형은? 은후한테 온 편지도 아빠가 쓴 거야?"

아이는 연어처럼 기억을 거슬러 올라가며 확인해갔다.

"엄마는 알았어? 몰랐어?"

엄마가 공범인지 확인했다. 아직 밝힐 타이밍이 아니었다. 나한테 한마디 상의 없이 내뱉어버린 남편이 야속해서 왜 그걸 벌써 말했느냐고 묻자 애들한테 놀림받을까 봐 그랬다는 것이다. 주워 담을 수 없는 말이었다. 속상해하는 아이를 향해 아빠는 "이번 선물부터는 산타가

아닌 아빠가 사줄게"라며 달랬다. 아이는 어느 정도 수긍하는 듯 보였다. 문제는 나였다. 충격에서 빠져나올 수가 없었다. 계속될 줄 알았던 산타 이벤트가 이렇게 허무하게 마침표를 찍을 줄이야. 앞으로 귀여운 망설임도 설렘의 표정도 볼 수 없다고 생각하니 좋아하는 연극이 막을 내린 것 같은 허탈함이 밀려왔다.

산타의 존재를 밝히는 일은 부부간의 상의가 필요한 일이라는 것을 이번 일을 통해 알게 되었다. 이 책을 읽고 있는 독자 중 아이에게 산타의 존재를 알려야 하는 시기를 고민하고 있다면 꼭 부부가 함께 대화한 뒤 말하라고 권하고 싶다. 나의 산타는 이렇게 갑작스럽게 탄로 났지만 말이다. 속상한 마음을 한쪽에 제쳐두고 추슬러본다. 그리고 우리에겐 아직 이빨 요정이 남아 있다고… 위로해본다.

핀 거야? 안 핀 거야?

"오~빠~ 만세~"

우리에게 잘 알려진 셀린 디온의 〈올 바이 마이셀프(All by Myself)〉라는 노래의 한 구절이다. 이 노래를 들어보면 'All by Myself'라는 영어가 우리말로 '오빠 만세'라고 들린다. 한때 영어 가사가 우리말로 들리는 것을 찾는 게 유행이던 시절이 있었다. 다른 것들을 찾아보다가 브리트니 스피어스의 〈럭키(Lucky)〉라는 노래를 발견했다. 원래 가사는 "Early morning, she wakes up Knock, Knock, Knock, on the door"인데 들어보면 우리말로 "오랜만에 집에서 바나나 먹었다"라고 들린다. 너무 또렷하게 들려서 놀랍고 신기했다. 언어는 달라도 비슷한 소리로 들리는 걸 보면 언어에는 우연성이 존재하는 것 같다.

어느 날 아이와 《영어 말놀이 동시》라는 책을 읽었다. 그 안에는 영어에 의미를 더한 동시들이 가득했다. 책 속에는 victory, I, day, cook, jungle, music, sea 등 약 예순 개의 영어 단어들이 들어 있었다. 단어들은 사전 속에 일렬로 줄을 서서 들어 있는 것이 아니라 동시라는 옷을 입고 저마다 춤을 추고 있었다. 그중 하나를 살펴보면 이렇다.

―― Do하다*

Do
Do
Do

두 두 두
두 두 두

심장(heart)이 뛰는 소리
살아 있다는 소리
그래서 뭐든지 할 수 있다는 소리

---

*《영어 말놀이 동시》, 김미희, 뜨인돌어린이, 2019.

책은 다른 방향의 생각으로 가는 문을 열어주기도 한다. 볼수록 재미있는 영어 동시를 접하고 나니 나도 영어가 들어간 시를 만들고 싶어졌다. 관심 없던 분야에 새로운 호기심이 생겼다. 그 후 영어 단어 중 우리말과 비슷하면서 의미가 있는 것은 무엇이 있을까 고민했다.

—— Sun

해는
해는

어둠을 몰아내어
밝게 해주고

추운 우리 몸을
따뜻하게 해주어요

썬sun은
썬sun은

선(善)해요
착해요

비 오는 날보다는 해가 고개를 내민 날을 좋아한다. 울적한 날보다는 환한 날을 좋아한다. 하루에 일정 시간 햇볕을 쬐면 기분이 좋아졌다. 겨울이 되면 흐린 날이 많기에 햇빛은 더 소중했다. 많은 것을 주고 또 주는 해. 마음에 조명을 켜주는 해를 생각하며 쓴 영어 동시이다.

───── Finger

가위
바위
보!

가위, 바위, 보!

너 지금
그 손가락

핀 거(Finger)야?
안 핀 거(Finger)야?

아이들이 이 동시를 접한다면 'Finger라는 단어는 확실히 알 수 있겠구나' 생각했다. 처음 영어를 접할 때 이런 식의 유머로 배운다면 그 단어는 그 순간의 웃음과 함께 기억상자에 오래 머물 터였다.

하루는 쌍용노서관에서 진행되는 행사에서 아이와 함께 낭독을 하게 되었다. 무대에 서는 것이니 아이와 의상도 맞춰 입었다. 좋아하는 체크 블라우스를 함께 입었다. 아이는 내 안에서 나온 듯 마트료시카처럼 똑같은 모습이었다.

앞의 순서가 끝나고 우리 차례가 되었다. 무대에 오른 나는 심호흡을 하고 눈빛으로 시작하자는 사인을 아이에게 보냈다. 작은 무대였지만 나는 들판에 서 있는 꽃처럼 흔들렸다. 덜덜 떨었다. 그런데 아이는 떨리지도 않는지 오히려 내 손을 꽉 잡고 다독여주었다. 연습한 순서대로 가위바위보를 했다. 첫 번째는 주먹-보를 내고, 두 번째는 가위-어설픈 보자기를 냈다. 명확한 보자기도 아닌 가위도 아닌 애매한 손동작을 만들어야 했다. 그렇게 연기를 해야 아이가 다음 대사를 이어갈 수 있었다. 아이는 족발같이 두루뭉술한 내 손을 바라보며 고개를 갸우뚱하고 물었다.

"그 손가락, 핀 거(Finger)야? 안 핀 거(Finger)야?"

아이의 능청스러운 연기에 관객석에는 웃음 파도가 출렁였다. 종이에만 머무르던 동시가 살아 움직였다. 누워 있던 동시가 벌떡 일어났다. 글에 아이의 표정과 말의 리듬이 더해지니 맛있는 동시가 되었다.

전에는 학습발표회 때 아이가 무대에 서면 나는 그 모습을 촉촉한 눈망울로 바라보았다. 내가 시상식에 오르면 아이가 관중석에서 꽃을 들고 나를 바라보았다. 둘 중 하나는 무대에 서고 한 명은 바라보던 경험은 있었다. 그러나 시 낭독처럼 나와 아이가 함께 무대에 올라 호흡을 맞춰본 것은 처음이었다. 모녀가 함께 준비하고 연습하는 과정을 거쳐 한 무대에 서서 서로의 눈을 바라보며 한 낭독은 처음 맛보는 과일처럼 새콤했다.

기억의 농도는 시간에 비례하지 않는다. 비록 무대에 선 시간은 짧았지만 우리의 기억상자 안에는 오래도록 머물 것이다.

그림자를 그리다

아침이 되면 창가의 햇살이 화분에 가닿고, 나뭇잎의 그림자가 카펫처럼 바닥에 드리웠다. 흐르는 시간을 따라 그림자가 꽃게처럼 조금씩 움직이는 모습을 멍하니 바라보고 있으면 마음이 단정해졌다. 집안일을 하다 보면 이쪽에 있던 그림자가 저쪽으로 걸어가 있었다. 화분에게 햇볕을 쬐어주려고 해의 발걸음에 따라 옮겨주었다. 오후의 그림자는 시시각각 다른 모양이었다. 회색빛 벽에 닿으면 노란 창문을 하나 만들기도 하고, 나무 서랍장에 닿으면 다른 무늬를 만들어냈다. 미술관에 가지 않아도 햇빛이 그린 그림을 날마다 감상할 수 있었다.

그림자를 보다가 문득 아이와 그림이 그리고 싶어졌다. 곧 사라질 그림자를 기록하기로 했다. 바닥에 놓인 알 수 없는 형태의 그림자를

검은색 연필로 따라 그렸다. 유령 같기도 하고 연기 같기도 한 그림들이 하얀 도화지 안에 놓였다. 선들을 바라보며 무엇과 닮았는지 아이와 같이 이야기했다. 그림자 안에 부리를 그리고, 눈, 코, 입을 그려 넣었다. 무형의 그림들은 박쥐, 오리, 꿀벌로 다시 태어났다. 빗살을 그리면 빗이 되기도 했다. 금방 사라질 그림자가 하나의 그림으로 우리 곁에 머물렀다. 아이는 화분의 그림자 옆에 누워 키를 재보기도 했다. 그림자를 바라보다가 동시도 지었다.

그림자

날마다
누워서
잠만 자는 잠꾸러기

　하나의 현상을 보고도 다각도로 생각해볼 수 있는 것이 그림자였다. 아이가 어릴 때는 에르베 튈레의 《그림자 놀이》라는 책으로 이야기를 만들며 놀았다. 표지가 검은색 하드보드지로 만들어져 있는 책이었다. 한 장, 한 장 구멍이 뚫려 있고 구멍들은 어떤 형태들을 띠었다. 한 페이지에는 연기가 나는 지붕 아래 네 개의 창문 구멍이 뚫려 있고, 다른 페이지에는 숲의 새, 늑대, 고양이 모양이 뚫려 있었다. 글은 없고 오로지 구멍만 존재했다.
　깜깜한 공간에서 책에 빛을 비추면 벽과 천장에 그림자가 나타났다. 빛을 가까이 하거나 멀리하면 그림자는 작아졌다가 커졌다가 했다. 그림으로 이루어진 책이기 때문에 한 장면씩 상상해서 이야기를 만들 수 있었다. 엄마가 지은 이야기가 다르고 아빠가 지은 이야기가 달랐다. 한 장씩 이야기를 만들어 더해가면 긴 이야기가 되었다. 대사를 넣어 그림자를 읽으면 하나의 연극도 되었다. 다양한 형태로 만날 수 있는 책이라 아이가 재미있어했다.

그림자는 무한한 상상을 품고 있다. 그 본질을 그대로 드러내기도 하지만 실체와는 전혀 다른 형태를 드러내기도 한다.

햇살이 가득 비치는 레스토랑이었다. 창가 자리에 앉으려고 할 때 바닥의 그림자가 눈에 들어왔다. 미키마우스 모양이었다. '이 귀여움은 뭐지?'

만화영화가 아닌 레스토랑에서 만난 미키마우스 그림자의 실체가 궁금해서 시선을 옮겨보니 원형탁자와 의자 두 개가 합쳐져 빚어낸 모습이었다. 의도되지 않은 우연의 그림자가 미키마우스를 만들어낸 것이다. 그 순간 쓰레기를 사용해서 다양한 그림자를 만들어내는 팀 노블과 슈 웹스터의 작품이 떠올랐다. 벽에는 섬세한 콧날과 머리카락이 한 올 한 올 살아 움직이는 두 사람이 있었다. 그러나 그 그림자를 만든 실체는 버려진 선글라스, 풀, 성냥갑, 스카치테이프, 칫솔, 플라스틱 포크 등을 합쳐놓은 쓰레기였다. 〈SUNSET OVER MANHATTAN, 2003〉이라는 작품의 그림자는 맨해튼의 석양이 지는 빌딩숲이다. 하지만 그것의 실체는 아름다운 풍경과는 대비되는 담배꽁초, 콜라 캔, 통조림 캔을 합쳐놓은 것이었다.

인터넷을 찾아보면 다양한 그림자 미술이 존재한다는 걸 알 수 있다. 종이를 구겨서 미녀와 야수의 그림자를 만들기도 하고 페트병을 공중에 띄워서 남성의 얼굴 그림자를 만들기도 한다. 그림자는 실체를 그대로 드러내는 정직한 도구이기도 하지만 그림자가 합쳐지면 전혀 다른 모습이 되기도 한다.

 아이의 마음 들여다보기도 그림자와 비슷하다는 생각이 들었다. 겉으로 봐서는 모르고 자세히 들여다보아야 본질을 알 수 있었다. 일곱 살 때, 도서관에서 아이의 꽃꽂이 수업이 있었다. 수업이 끝나자 아이는 자기가 만든 꽃을 들고 나오며 뿌듯해했다.

 "여기에 물을 주면 쑥쑥 자라겠지?"
 "이건 흙에 심은 꽃이 아니라 물을 주어도 자라지 않아. 시간이 지나면 시들어."
 "엄마, 그럼 씨앗을 사서 심자. 물도 주고 햇빛도 주고 사랑도 줄 거야."
 "지금은 겨울이라서 씨앗을 심어도 꽃이 피려면 오래 기다려야 해."
 "괜찮아. 나는 꽃이 보고 싶은 게 아니야. 쑥쑥 자라나는 게 좋아."

 아이는 과정을 보고 싶어 했다. 찰나의 꽃이 아니라 커가는 시간을 바라보고 싶었던 것이다. 종종 아이의 생각이 내 생각과 다를 때가 있었다. 내가 살아온 틀 안에서 아이의 생각을 미리 재단하고 추측한 까닭이었다. 아이의 생각을 알게 되기까지는 시간이 필요했다. 그림자와 실체가 같다면 소통이 필요 없을 터였다. 서로의 생각과 바라보는 시선이 다르기 때문에 소통하려는 노력이 필요한 것이다. 아이가 빚어내는 그림자를 보려고 노력해야 하는 이유다.

  어릴 때는 아이의 감정이 그대로 드러났다. 마음에 안 드는 반찬은 안 먹고, 힘들면 칭얼대고, 장난감을 사주지 않으면 울었다. 다 표출하니 쌓이는 것도 적었을 것이다. 점점 커가면서는 감정을 다 드러내지 않게 되었다. 싫지만 엄마가 원하니까 하기도 하고, 싫지만 친구 마음을 상하게 하고 싶지 않아서 본인의 마음을 숨기기도 했다.

  속상하거나 친구와 갈등이 있었던 날 속으로만 끙끙 앓고 실체는 보여주지 않은 채 뉘앙스만 풍길 때가 있다. 그러면 그 속상한 마음의 실체를 다각도로 들여다보아야 했다. 아이가 스쳐 지나며 했던 말, 표정, 지금 읽고 있는 책 등을 보며 감정의 그림자를 읽어야 했다. 그 안을 들여다보면 그림자 속에 답이 있었다.

5장

진짜 행복, 조금의 여유

여유의 진정한 의미

엄마한테 마음의 여유란 정말 중요하다. 마음의 여유가 있어야 아이를 너그럽게 대할 수 있고, 아이의 울퉁불퉁한 감정을 튕겨내지 않고 품을 수 있다. 마음의 여유가 없는 날에는 아이를 바라보는 시선도 좁아진다. 화살촉 같다. 작은 일에도 화를 내고 돌아서며 '화낼 일이 아닌데 내가 왜 그랬을까?' 후회하기를 반복한다.

며칠 전 아이가 하교 후 도서관에서 책을 읽고 집으로 돌아왔다. 반갑게 맞이하는데 아이의 어깨에 있어야 할 가방이 없었다. '책을 집중해서 읽다 보면 그럴 수도 있지'라는 마음은 왜 항상 1순위가 아닐까? 그 순간 예전 기억이 떠올랐다.

한 손에는 어묵, 한 손에는 국물이 든 종이컵을 들고 집으로 온 날이었다. 아이는 너무 맛있다며 입가에 따뜻한 미소를 베어 물고 왔다. 문제는 다음 날 터졌다. 아이의 자전거를 타고 기차역까지 가려고 했는데 집 앞에 서 있어야 할 자전거가 보이질 않았다. 수영장 앞까지 달려가 그 앞에 놓여 있나 찾아보았지만 없었다. 미술학원에 놓고 왔나 싶어 서둘러 가보았지만 그곳에도 없었다. 기차 시간이 다가왔다. 자전거를 타고 역에 도착했어야 할 시간이었다. 기차를 놓칠까 초조해졌다. 택시도 잘 잡히지 않는 동네였기 때문에 자전거 말고는 다른 대안이 없었다. 그제야 어제 아이의 모습이 떠올랐다. '집에 돌아왔을 때 어묵을 먹으며 왔었지? 그렇다면 혹시 분식집?'

탐정이라도 된 듯 그곳으로 향했다. 오전이라 문이 닫힌 가게 앞에는 자물쇠도 채워지지 않은 아이의 자전거가 떡하니 서 있었다. '어머머머, 애 좀 봐'라는 생각과 동시에 페달을 밟아 기차역으로 향했다.

아이의 텅 빈 어깨를 바라보며 도깨비도 아닌데 과거의 일들을 소환하고 있었다. 물통을 놀이터에 놓고 온 날, 핸드폰 가방을 의자에 두고 온 날 등 잊히지 않은 생생한 기억들이 줄줄이 딸려 나왔다.

"가방은? 가방 어디 있어? 어디에 놓고 왔니?"

별것 아닌 일에 화를 내는 나 스스로를 돌이켜보았다. 같은 실수를 반복하는 아이한테 화가 나기도 했지만 오전에 일어났던 일도 한몫했다. 차의 엔진오일을 교체할 시기가 되어 카센터를 찾았다. 엔진오일을 교체하고 계산을 하려는데 미션오일이 샌다며 그것도 고쳐야 한다고 했다. 그 부속품은 대체품이 없어서 고가라는데… 예기치 않은 목돈이 나갈 생각에 속이 상했다. 그때 찾아온 감정이 내 안에 고여 있었다. 부정적인 감정의 웅덩이에 아이의 일이 더해지니 더 큰 웅덩이가 되었다.

회사를 다닐 때 직장상사가 과도하게 일을 주어도 투덜거리지 않고 속으로 담아놓기만 했다. 인간관계에서 뾰족한 말을 들어도 그 앞에서 표내지 않고 안으로 고름을 짜내고 연고를 발랐다. 내 인생에 별로 소중하지 않은 사람들에게는 그렇게 상냥하게 대해왔다. 한데 가장 소중한 아이를 대할 때는 달랐다. 분별력이 좀처럼 생기지 않았다. 엄마가 되고 어려운 것은 내 감정을 다스리는 일이었다. 감정은 전염성이 강해서 상대까지 그 감정에 휩싸이게 만든다. 혼자 살 때는 내 감정이 타인에게 영향을 주는 일이 거의 없었다. 엄마가 되고서는 내 감정에 따라 가족의 마음 날씨가 달라졌다. 아이, 아빠의 기분도 영향을 미쳤지만 엄마의 기분이 가장 큰 비중을 차지했다. 혼자 있으면 평온했던 마음이 아이와 함께일 때면 이리저리 흔들렸다. 엄마는 가정 내에서 모든 요구를 수용해야 하기에 감정 변화의 폭도 컸다. 날마다 다른 감정들을 다루어야 했다. 엄마의 마음이 맑고 구김이 없어야 아이를 평온하게 대할 수 있었다. 육아에 있어서 아주 중요한 것이 엄마가 가진 마음의 여유였다.

또 하나 중요한 것이 있다면 아이의 시간적 여유였다. 두 개의 여유가 시계의 시침과 분침처럼 함께 움직였다. 학원 스케줄이 많은 날에는 아이와 두 눈을 마주칠 시간이 없었다. 아이는 자동차였고 나는 하이패스 구간 같았다. 스치기만 했다. 대화를 할 시간이 없었다. 날마다 아이는 성장하고 있었지만 그 안에 어떤 마음과 생각을 가지고 있는지 들여다볼 수가 없었다. 그저 해야 할 일만 처리하는 날들의 연속이었다. 좀 더 시간이 많은 주말이 되면 해야 할 과제는 줄고 여유로운 시간이 늘어났다. 주말이면 아이는 자신의 이야기를 더 많이 하고 관심사도 쏟아냈다.

"월, 화, 수, 목, 금요일엔 쉬고 토, 일요일만 학교에 가면 좋겠어."

친구네 아이도 엄마에게 학교 좀 끊어달라고 이야기한 적이 있다고 했다. 학교도 학원처럼 끊었다가 다니고 싶을 때 다니면 얼마나 좋을까? 아이들의 마음이 보이는 말들이라 웃을 수만은 없었다. 나 역시 직장인일 때 이런 비슷한 생각을 한 기억이 있다. '일주일의 중간인 수요일에 한 번만 더 쉬면 얼마나 좋을까? 그러면 일을 더 잘할 수 있을 텐데…' 하고 말이다. 그런데 아이는 아예 토, 일요일만 학교에 가면 좋겠다고 말했다. 파격적이었다. 초등학교 저학년인 만큼 공부를 많이 안 시키려고 노력했지만, 아이의 기준에서는 숙제도 없이 마냥 놀기만 했으면 좋을 것 같았나 보았다.

아이의 이야기를 듣고 과거의 여유로웠던 평일과 요즘의 바빠진 평일을 생각했다. 엄마의 눈조차 바라볼 시간 없이 빠르게 달려가기보다는 좀 걸으면서 마음의 풍경도 들여다볼 수 있는 여유를 줘야겠다고 생각했다. 나에게 마음의 여유가 필요하듯 아이에게는 시간의 여유가 필요했다. 다니던 학원을 몇 개 줄이니 여유를 부릴 시간이 생겼다. 오로지 본인이 되어 아이 스스로 생각하는 시간이 많아졌다.

아이는 헐거워진 시간 속에서 자유로움을 만끽했다. 서재에 들어가 유치원 때 보던 그림책을 보기도 하고 장난감 피아노 건반을 엉덩이로 눌러 연주하기도 했다. 엄마의 타자기로 친구들의 이름을 써나갔다. 그것이 싫증나면 좋아하는 만화영화 〈레이디버그〉 속 캐릭터를 표로 만들기도 했다. 잉여의 시간은 아이로 하여금 무엇을 할까 궁리하게 만들었다. 짜여진 틀 안에서 움직이지 않고 스스로 그 틀을 만들어갔다. 굳었던 표정도 녹았다. 내게 들려주는 이야기들도 풍부해졌다. 늘 아이 안에 존재했지만 털어놓을 시간이 없었던 이야기들이 날개를 달고 나왔다.

바쁘면 시간을 스치게 되지만 여유가 생기면 시간을 간직하게 해주었다. 그렇기에 엄마에게도 아이에게도 여유가 필요했다. 우리의 삶은 우리 자신이 운전해야 한다. 가끔은 내 삶의 속도를 바라보자. 걷기, 자전거, 자동차, 기차, KTX, 비행기 등 어떤 속도로 삶을 주행할 것인지 고민하는 것도 중요한 일 아닐까?

엄마 마음 챙기기

결혼 전엔 '나'라는 버튼이 늘 켜져 있었다. 스물네 시간 돌아가는 이 발소 조명 같았다. 아이가 생기자 나라는 버튼은 꺼져버렸다. 켜고 싶었지만 아이 때문에 바빠서 버튼을 켤 틈이 없었다. 임시휴무 상태가 되었다. 좋아하는 음악은 동요가 대신했고, 좋아하는 매운 음식은 아이를 위한 싱거운 음식으로 바뀌었다. 아이가 어릴 때는 하루에 한 시간이라도 나를 켜는 시간이 필요했다. 두세 시간도 아니고 딱 한 시간이면 충분했다. 오로지 내가 될 수 있는 시간 말이다.

친구 K는 소리에 민감했다. 귀여운 아기의 종알거리는 음성이 하루 종일 재생되던 날, 소리로부터 멀어지기를 원했다고 했다. 그래서 남편이 퇴근하면 아이를 맡기고 자기는 무음의 세계로 들어가 귀를 쉬게 해준다고 했다. 그것이 친구가 바라는 자기만의 섬이었다. 아이의 낮잠 시간에 엄마도 함께 잠을 청해야 후반전을 준비할 수 있었다. 하지만 몸은 충전이 될지 몰라도 정신은 여전히 텅 비어 있는 듯했다. 내가 좋아하는 것을 그 틈에라도 해야 했다. 몸보다 정신이 먼저였다.

밤에도 마찬가지였다. 아이가 자면 엄마도 따라 자야 하는데 잠을 잘 수가 없었다. 오로지 내가 되는 시간이 시작되려 하는데 그 시간을 포기할 수 없었다. 남들은 자려고 불을 끄는 그 시간, 나는 나를 켰다. 자고 싶지 않았다. 그렇게 내 하루가 증발되는 것이 싫었다. 밤마다 좋아하는 것들을 찾았다. 나를 위해 무엇이든 해야 살아 있음이 느껴졌다.

시간이 많을 때는 시간이 소중하지 않았다. 어차피 많은 시간, 무엇을 하든 언제 하든 상관없었다. 그러나 아이를 낳고 일분일초가 아까워지자 삶을 대하는 자세가 달라졌다. 혼자만의 시간이 주어지면 〈가족오락관〉의 폭탄을 손에 든 것처럼 시간을 급박하게 보냈다. 온 힘을 다했다.

삶을 통틀어 시간이 가장 귀하게 여겨진 시기였다. 한 톨의 시간도 낭비되지 않도록 했다. 그 어느 때보다 열심히 책을 읽었다. 그 어느 때보다 열심히 인문학 강의를 들었다. 자유 시간이 생기면 언제 다시 올 줄 모르는 시간이기에 미술관이 멀어도 기꺼이 찾아갔다. 나라는 사람은 그대로였는데 환경의 변화로 인해 추진력과 적극성이 생겼다.

아이의 낮잠 시간 동안 좋아하는 책을 읽을 때는 단 몇 페이지를 읽어도 달콤했다. 아이의 쌔근거리는 숨소리가 시작되면 책을 펼쳤고

"으앙" 하는 기상 소리에 책을 덮었다. 아이가 알람시계였다. 하루는 자는 아이를 안고 꽃집에 들러 꽃 몇 송이를 샀다. 내 손에 늘 들려 있던 장바구니 속의 채소, 과일, 기저귀가 아닌 꽃들을 보며 걸으니 마치 정원을 품고 가는 것 같았다.

적은 시간이라도 내 마음을 챙겨야 삶은 멈추지 않고 돌아갔다. 엄마의 마음을 챙기는 일은 이토록 중요했다. 남편이 장기간 출장을 가는 바람에 혼자 아이를 돌보게 되면 마음이 먼저 고장 났다. 그 후 몸도 따라 고장 났다. 면역력 저하로 온몸에 두드러기가 났다. 작은 두드러기가 좁쌀처럼 온몸을 덮은 모습은 정말 징그러웠다. 내가 나를 사랑할 수 없었던 시기였다. 몸이 내게 말하고 있었다. 마음 좀 잘 챙겨.

병의 근원은 대부분 스트레스라는 사실이 이해되는 순간이었다. 한번은 하기 싫은 일을 계속 해야 할 때였다. 자고 일어나서 세수를 하는데 자꾸 한쪽 눈에 물이 들어갔다. '이상한데….'

다음 날도 마찬가지였다. 감기몸살 후 마치 내가 로봇이 된 듯 한쪽 얼굴이 움직이지 않았다. 웃는데 반쪽 입꼬리만 올라갔다. 썩은 미소가 지어졌다. 주름도 반쪽만 생겼다. 눈썹도 한쪽은 정지, 한쪽 눈은 깜박이지 않는 신호등이 되었다. 전기가 꺼진 반쪽 얼굴이 되었다.

진단 결과 안면마비였다. '평생 이렇게 살아야 하는 것일까?' 무서웠다. 신경과 진단 후, 정밀검사를 받기로 했다. 무표정일 때는 괜찮은데 누군가를 만나 인사를 하고 웃으려는 순간이 문제였다. 한쪽 얼굴이 밧줄에 묶인 채 정박해 있는 배처럼 꿈쩍하지 않았다. 송이처럼 구겨진 얼굴 때문에 상대를 바로 쳐다볼 수 없었다. 이런 상황이 신기했다. '내 안의 모든 신경들이 제대로 움직일 때 편안했던 거였구나.' 한동안 한쪽으로밖에 못 웃고 주름도 반쪽만 생기니 반쪽의 시간이 멈춘 것 같았다. '한쪽은 주름이 생기지 않겠네'라는 얼빠진 생각도 들었다. 신경과 정밀검사 결과 심각한 상황은 아니라고 했고 한 달 뒤면 회복될 거라고 했다. '냉동고에 넣어둔 딱딱한 표정도 해동되어 점점 풀리겠지.'

다행이었다. 시간이 흘러 제자리로 돌아왔다. 하기 싫은 일을 일 년 가까이 억지로 하며 참아왔다. 내가 내 마음을 챙기지 못한 시간이 일 년이었다. 괜찮다고 스스로 억누르며 못 본 채 살았는데 괜찮지 않았던 것이다. 마음을 외면하면 어김없이 몸이 아팠다. 마음 챙기기는 시간 날 때 하는 것이 아니라 필수적으로 해야 한다는 사실을 알았다. 건강을 위해서라도 마음을 잘 돌봐야 했다. 삶이 조화로워야 감정에 구멍이 생기지 않는다. 내 마음속 고민을 인내하거나 타협하는 것도 상황에 따라 좋은 처방이 되겠지만 장기간 그렇게 놔두어서는 안 되는 거였다.

엄마로 살면서 하고 싶은 게 있어도 아이가 눈에 밟혀 포기하는 경우가 많았다. 좋아하는 박웅현 작가의 강연을 듣고 싶었지만 아이를 동반하고는 갈 수 없었다. 강연장 문 앞까지 갔다가 포기하고 돌아서야 했다. 나의 행복을 찾으려면 누군가의 시간을 빌려야 했다. 친정엄마가 아이를 봐주셔서 겨우 운전면허를 딸 수 있었고, 친구가 아이를 맡아줘서 도서전에도 가볼 수 있었다. '나를 위한 시간을 이렇게 챙겨도 될까?' 매번 불편하고 미안했다. '내가 없을 때 아이에게 무슨 일이 생기면 어쩌지?' 걱정이 되기도 했다. 타인에게 부탁하는 걸 어려워하는 나는 점점 나의 것을 줄여가는 쪽을 택했다. 아이와 함께하는 시간 속에서 나에게 완벽한 상황은 주어지지 않았다. 그렇게 포기하는 일이 많아지면서 우울해졌다. 마음의 계절이 오랫동안 겨울이었다. 이대로는 안 되었다. 신세를 지더라도 좋아하는 것들을 챙겨서 해야겠다고 마음을 바꿔 먹었다.

'행복은 셀프다'라는 말이 있다. 그 누구도 나의 행복을 대신 찾아주지 않는다. 자신이 가장 잘 알고 있으니 내면의 행복은 스스로 찾아야 한다. 시간이 없다고, 환경이 안 된다고 포기한다면 영원히 찾을 수 없는 법이다.

글 쓰는 것을 좋아하게 되면서 '마로니에전국여성백일장'이 있다는 것을 알게 되었다. 대학로에서 열리는 백일장은 주어진 주제에 따라 시, 수필, 동화, 동시 등의 다양한 장르의 글을 써내는 대회였다. 마감 후 바로 심사가 진행될 예정이었고, 오후 다섯 시가 되면 그 자리에서 시상을 했다. 참가하고 싶었다. 그런데 아이의 학교가 한 시에 끝나서 백일장에 참가하려면 아이를 맡겨야만 했다. '영원한 내 편' 엄마에게 SOS를 보냈지만 그날은 당신 수업이 있어서 안 된다고 했다. 평소 이웃끼리 허물없이 지내는 사람들도 있지만 쉽게 말을 꺼내기가 어려웠다. 꼭 가고 싶어서 누구에게 부탁할지 며칠을 고민하다가 같은 아파트에 사는 언니에게 어렵게 말을 꺼냈다.

"언니, 저 부탁 하나만 해도 돼요? 아이 학교 끝나면 차에 태워서 레고 방에 데려다줄 수 있어요? 꼭 나가고 싶은 백일장이 있는데 마치고 오면 세 시가 넘을 것 같아요."

언니 역시 남매를 키우고 있어서 쉽지 않을 거라고 생각했는데, 흔쾌히 부탁을 들어주었다. 이렇게 나는 서울 가는 기차에 몸을 실을 수 있었다. 대학로에는 비가 내렸다. 날은 흐렸지만 마음은 쾌청했다. 하고 싶었던 걸 할 수 있었고 내가 그 자리에 있다는 것만으로도 좋았다.

아홉 시, 글짓기 주제가 발표되었다. '사랑, 라디오, 두통, 먼지'였다. 기분 좋은 긴장감을 안고 한 카페에 들어가 앉았다. '잘 써야겠다'는 생각보다 무언가 홀로 생각하는 시간이 좋았다. 글을 쓸 때는 오로지 나일 수 있어서 좋았다. 누구의 엄마, 누구의 아내가 아닌 나 자신이 되는 시간이었다. 노트에 여러 가지 단어들을 적어놓고 내 안의 경험들을 꺼내보았다. 결국 난 두통을 주제로 한 동시를 썼다.

두통
— 머리가 살아 있다

고하연

과자를 먹을 때
입은 오물오물 움직이니까

졸릴 때
눈꺼풀은 스르르 내려오니까

머리는?
머리는?
조용한 머리는?

쾅! 쾅! 쾅! 쾅!

안에서 두드리는 거 보니
너도 살아 있었구나

쿵! 쿵! 쿵! 쿵!

아이고, 머리야
알았어, 알겠으니 살살 해줄래?

글씨를 꼬부려가며 정성껏 원고지에 옮겨 적은 뒤 제출했다. 아이가 집에 올 시간이 되어서 백일장 강연과 음악 공연은 듣지도 못한 채 서둘러 집으로 향했다. 어제가 오늘 같고 오늘이 내일 같은 밋밋한 하루가 아니라 무지개처럼 다양한 기분을 맛본 하루였다. 부탁을 들어준 언니에게 고맙다고 인사를 했다. 언니는 별것 아니라고 했지만 다 언니 덕분이었다. 레고 방에 있는 아이와 만나 집으로 돌아왔다. 옷을 갈아입는데 전화벨이 울렸다.

"고하연 씨죠?"
"네."
"지금 어디 계세요?"
"아이 학교가 일찍 끝나서 집에 왔어요."
"아, 그래요?"

수상자들에게만 걸려오는 전화였다. 어떤 상인지는 모르지만 수상자에게는 시상식 전 꼭 참석하라는 전화가 온다는 이야기를 들었다. 무슨 상인지는 알려주지 않았다. 전화를 받는 순간부터 내 심장은 우사인 볼트가 되었다. 빠르게 뛰었다. 혹시 그 자리에 없어서 상을 안 주는 건 아닌지 걱정이 되었다.

며칠 뒤 연락이 왔다. 아동문학 부문 우수상이었다. 최우수상 수상자에게는 등단 자격이 주어졌기에 조금 아쉬웠다. 아쉬운 마음은 욕심이기도 했다. 우수상만으로도 차고 넘치는 결과였다. 부탁하기 어려워 포기했다면 이런 일은 없었을 터였다. 하나의 부탁이 앞으로의 꿈을 향해 나아가는 출발점이 되었다. 내 마음을 챙겼기에 가능한 일이었다.

엄마로서 우리는 늘 마음속에 저울 하나를 가지고 산다. 내가 하고 싶은 것과 아이를 위한 것을 상황마다 저울에 올려놓고 잰다. 그때마다 대부분 아이를 위한 쪽으로 결정한다. 좋은 것은 아이의 저울에 듬뿍 얹어놓는다. 하지만 엄마의 저울에도 가끔 좋은 것을 놓을 필요가 있다. 아니 자주면 또 어떤가.

아이가 가장 행복할 때는 엄마가 행복할 때라고 한다. 엄마를 위한 시간을 보내는 걸 아이가 큰 뒤로 미루지 않았으면 좋겠다. 쉽게 내 시간을 포기하지 않았으면 좋겠다. 엄마를 위한 시간이 꼭 엄마만을 위한 시간이 아닐 수도 있다. 엄마는 구성원에게 영향을 줄 수 있는 가족의 CEO이므로 기업 역량을 키우는 일이기도 하다.

엄마와 아이 사이

엄마의 마음을 챙기다 보면 그것이 아이에게까지 영향을 미칠 때가 있다. 아이는 슬그머니 엄마인 내 취향을 닮아갔다. 몇 해 전 친구와 함께 〈마틸다〉라는 뮤지컬을 관람했다. 주인공 마틸다를 보며 딸을 떠올렸고 책이 사방으로 흩뿌려진 무대가 눈길을 사로잡았다. 늘 정해진 자세로만 있던 책들이 부유하듯 무대를 떠다니는 형상이 돋보였다. 어린이 배우가 긴 시간 주인공으로 공연하는 것이라서, 마치 내 아이가 하는 것처럼 긴장되었다. 오랜 시간 계속된 마틸다의 연기에 같이 몰입했다.

공연을 본 뒤 초등학교 1학년이었던 딸에게 《마틸다》 책을 사주었다. 어린이도 볼 수 있는 뮤지컬이었지만 제대로 감상하기에는 아이가 아직 어리다고 생각했었다. 하지만 뮤지컬이 재미있었기 때문에 그 내용을 아이와 공유하고 싶었다. 그림책보다 글이 많아 처음에는 내가 소리 내서 읽었다. 그러자 아이가 슬며시 내 옆으로 다가왔고 함께 보다가 결국 아이가 책을 가져가 읽었다. 그 후에도 아이는 그 책을 여러 번 반복해서 읽었다. 아이는 책을 읽으면서 얼굴을 찡그렸다가 놀랐다가 웃었다가를 반복했다. 아이의 표정을 지켜보는데 그 모습이 한 편의 뮤지컬 같았다. 어떤 부분이 그렇게 재미있는 건지 궁금했다.

"예린이는 어떤 장면이 제일 기억에 남아?"
"우리 학교에도 트런치불 선생님 같은 분이 있어. 그 선생님이 복도에 등장하면 아이들이 다 슬금슬금 피해."

어린이를 끔찍하게 혐오하는 교장선생님 미스 트런치불을 보며 자기가 경험한 학교생활 속의 한 장면을 떠올렸다. 반전을 마주할 때면 내게 이야기해주었다.

"담임선생님은 너무 가난한 집에 사네."
"엄마, 교장선생님이 허니 선생님의 이모였대."

소설책에는 마틸다의 마음을 잘 이해해주는 허니 선생님은 한없이 너그럽게 묘사되어 있고 폭력적인 트런치불 선생님은 더욱 무자비하게 표현되어 있었다. 예를 들면 트런치불 선생님이 학생의 머리채를 잡아 빙

빙 돌려 던지는 장면은 너무 신랄했다. 문학적으로 접하면 좋은 소설이었지만 엄마의 마음으로 볼 때는 불편한 대목들이 있었다. 엄마가 되니 자꾸 교육적인 관점으로 모든 것을 바라보게 되었다. 아이에게 걱정스럽게 물었다.

"책 무섭지 않아? 교장선생님이 너무 잔인한 거 아니야?"
"재밌기만 한데, 뭘."

아이는 확대해석하는 나와 달리 소설 속 한 장면일 뿐이라고 여기는 것 같았다. 마틸다를 다른 방식으로도 접하게 해주고 싶어 영화를 찾아 함께 보았다. 책이 영상으로 구현되니 아이는 더 실감나는 듯 몰입했다. 그 후 작가 로알드 달의 《찰리와 초콜릿 공장》, 《조지, 마법의 약을 만들다》, 《내 친구 꼬마 거인》, 《제임스와 슈퍼 복숭아》 등 다른 책들도 찾아 읽었다. 엄마가 본 뮤지컬 한 편에서부터 파생된 일이었다.

아이는 엄마뿐 아니라 아빠의 취향도 흡수했다. 아빠가 좋아하는 영화는 〈맘마미아〉였다. 아빠 옆에서 그 영화를 봤는데 노래와 춤이 나오자 눈길을 떼지 못했다. 차 안에서도 〈맘마미아〉 OST를 틀어달라고 했고 한 달 넘게 어디를 가든 그 노래만 들었다. 많이 좋아하면 저절로 스며들게 되는 법. 영화의 어떤 장면 뒤에 어떤 노래가 나오는지 꿰뚫고 있었다. 노래의 순서뿐 아니라 노래의 장면을 묘사하기도 했다. 집에서는 소파가 바닷가의 암벽인 양 오르내리며 뮤지컬 배우처럼 노래했다. 아이의 〈맘마미아〉 사랑은 종점이 없었다. 그중에서도 특히 〈맘마미아 2〉에 등장하는 할머니, 루비를 좋아했다.

"목소리가 매력적이어서 좋아."

영국 여행을 계획하면서 어떤 뮤지컬을 볼까 고민했다. 〈라이온 킹〉, 〈마틸다〉, 〈맘마미아〉 등 모두가 다 보고 싶은 공연이었다. 고르기 어려웠지만, 그중 아이가 가장 좋아했던 〈맘마미아〉를 보기로 했다. 아이가 얼마나 좋아할지 그 반응을 보는 것도 뮤지컬에 딸린 사은품 같았다. 아이가 좋아하는 걸 응원하고 싶었다. 우리는 영국 사이트에 들어가 어렵게 뮤지컬 티켓을 예매했다. 카드 결제가 잘되지 않아 애를 먹었다.

드디어 영국에 도착한 첫날, 마지막 스케줄이 바로 〈맘마미아〉 관람이었다. 공연 문화를 만끽할 준비를 하며 설렘을 안고 입장했다. 공연장은 곳곳에 골드빛 조명과 입체적인 조각들이 가득해 중세시대로 온 듯한 착각마저 들었다. 마침내 기다리던 막이 올랐다. 영화로 내용을 알고 보는 뮤지컬이었기에 영화와는 다른 배우들의 무대 연기가 궁금했다. 우리는 알아듣지 못하는 유머에 한 박자 느린 웃음을 터뜨렸다. 그때 아이의 반응이 궁금해 옆자리를 쳐다보니 아이는 잠들어 있었다. 아이의 몸은 솔직했다. 정확한 시계 같았다. 시차를 이기지 못한 몸은 깊은 잠의 세계에 빠져 있었다. 예매할 때 시차를 계산하지 못한 게 문제였다. 곧이어 아빠까지 잠이 들었다. 워낙 예민해서 아무 곳에서나 잠들지 못하는 나만 세 명 몫의 뮤지컬을 관람했다.

중간의 휴식 시간. 잠에서 깬 아이가 아이스크림이 먹고 싶다기에 하나 사줬다. 아이스크림을 먹고 확실히 잠에서 깼으니 2부는 집중해서 보겠지 싶었다. 하지만 내 예상은 빗나갔다. 인체의 시계는 힘이 셌다. 차가운 아이스크림도 잠을 막지 못했다. 아이는 또 곤히 잠을 잤다. 아직도 그때를 생각하면 웃음이 나온다. 비싼 잠을 자고 나온 둘을 보면 말이다. 그러나 내 안에는 그때의 생생함과 공연 속 장면들이 뚜렷이 남아 있다.

내가 좋아하는 것은 나에게만 머물지 않았다. 아이에게 흘러갔다. 의도되지 않은 스며듦이 아이 안을 가득 채우고 또 넘쳤다. 그러면 다시 아이의 에너지를 내가 받곤 했다. 선순환이었다.

공연을 통해 작가를 알게 되고 더 많은 책들로 관심이 번져갔다. 미술관에서 우연히 본 작품은 아이의 상상력을 자극했고 서로 다른 그림들을 만들어냈다. 영화로 인해 아이가 노래와 춤을 좋아하고 성대모사에도 재능이 있다는 것을 알게 되었다. 가족은 연결되어 있어서 한 사람이 다른 사람에게 영향을 주기도 하고 받기도 했다. 어릴 때는 일방적으로 엄마가 주기만 했다면, 아이가 자라면서는 더 많은 것을 흡수해서 엄마에게 나눠주기도 했다.

  엄마와 아이 사이는 광활한 우주 같다. 함께하는 시간 속에서 무수히 접하게 되는 다양한 것들로 하나둘 채워가는 것이다. 내 것이 아이 것이 되기도 했고, 아이 것이 내 안에 들어오기도 했다. 아이가 크면 클수록 독립된 자기만의 세계로 분리될 것이다. 서로 주고받을 수 있는 이 시기도 한정적일 것이다. 짧은 시간이다. 우리에게 주어진 시간 속에서 서로가 좋아하는 것들을 나누는 사이가 되었으면 좋겠다. 그런 기억은 미래에 언제든 꺼내볼 수 있는 추억이 될 테니까. 행성처럼 떨어져 살다가 아이의 인생이 힘들 때 꺼내볼 수 있는 따뜻함이 되어줄 테니까.

행복 찾기

사람들은 생김새가 저마다 다르듯 행복을 느끼는 순간도 다르다. 직장인들은 금요일 저녁이 행복할 수 있고, 주부는 가족 모두 출근(또는 등교)하는 월요일 아침이 행복할 수도 있다. 누군가는 정적으로 책을 읽는 시간을 좋아하고 누군가는 동적으로 운동을 할 때 행복을 느낀다. 누군가는 사랑하는 이에게 선물할 뭔가를 만들 때 행복할 수 있고, 또 누군가는 맛있는 음식을 요리해 대접할 때 행복을 느낄 수도 있다. 행복을 느끼는 것은 상황이 될 수도 있고 시간이 될 수도 있고 행위가 될 수도 있다.

행복한 감정은 지속되는 것이 아니다. 대부분의 평범한 시간 속에 잠깐씩 찾아오는 노을 같은 것이다. 나는 아주 많은 시간 '아이가 좋아하는 건 무엇일까?'를 생각했다. '어떤 음식을 해줘야 좋아할까?' '어떻게 놀아줘야 좋아할까?' '어떤 동물을 좋아할까?' '어떤 책과 음악을 좋아할까?' 온통 아이가 좋아하는 것을 생각하는 일로 나를 채웠다. 나보다 더 아이를 세심하게 살폈다. 그러던 중 아이와 함께할 때마다 내가 자주 하는 행동을 발견했다. 아이가 뻥튀기를 바닥에 흩뿌릴 때, 큰 바가지가 의자인 듯 그 안에 엉덩이를 넣고 간식을 먹을 때, 가죽장갑을 신발 삼아 발에 끼울 때, 투명 스카치테이프를 눈에 붙일 때, 종이가방의 끈에 팔을 넣어 어깨에 멜 때 등 사랑스러운 순간들을 카메라에 담고 있었다. 놓치지 않으려고 애를 썼다. 대학교 다닐 때 흑백사진 동아리에서 갈고닦은 예술혼을 아이 사진을 찍는 데 쓰고 있었다. 이십 대에는 피사체가 세상이었다면 엄마가 된 삼십 대의 피사체는 아이였다.

아이가 말을 하기 시작하면서부터는 사진이 아닌 말을 기록했다. 말이 터지는 순간에는 처음 보는 행성 하나가 생겨나는 듯한 기분이었다. 하루는 생밤을 까는 족족 집어 먹기에 아이에게 말했다.

"익은 밤 먹어."

그러자 아이는 되물었다.

"이것만 먹어?"

한번은 아이가 귀여운 애교를 부리기에 이렇게 말했다.

"엄청 깜찍해."
"엄청 깜짝해?"

아이가 야광별 같은 말들을 내뱉으면 나는 스티커를 모으듯 노트에 붙였다. 떨어진 말들을 주웠다. 아이의 말 적금 통장에 저축했다. 돌이켜보면 그 순간이 아이와 함께하는 시간 중 내가 제일 좋아하는 때였다. 좋아하면 나도 모르게 그 속으로 걸어들어간다. 무언가를 공들여 하고 있다는 생각조차 들지 않았다. 누가 시켜서 하는 일이 아니기에 저절로 마음이 기울었고 오래 지속했다.

어릴 때의 내가 궁금해지면 엄마에게 묻곤 했다. 기억이 가물가물해진 엄마는 내 어린 시절의 한 부분만 계속 반복 재생하듯 들려주었다.

"네가 어찌나 깜찍했는지 사촌 오빠가 잡아먹고 싶다고 했어."
"일곱 살 때인가 보리차인 줄 알고 마신 물이 동생 소변이었어."

엄마의 머릿속에 남아 있는 몇 개의 순간만이 나의 어린 시절을 대변했다. 내 과거는 더 풍요롭고 다채로웠을 텐데 엄마의 기억이 없으니 빈곤했다. 나를 알고 싶었지만 더 이상 알 수가 없었다. 그렇다고 내 기억도 선명하진 않았다. 엄마를 닮아 과거의 일은 잘 기억하지 못했다.

어린 시절을 도통 알 수 없는 나는 딸을 보며 '나도 어릴 때 이랬겠구나' 하는 생각을 자주 했다. 아이의 성장을 지켜보며 기억나지 않는 나의 과거를 한 번 더 사는 것 같았다. 아이를 키운다는 것은 나를 들여다보는 일이기도 했다. 그동안 써놓은 기록들을 보면 지난날이 의미 있다고 느껴졌다. 그 시간을 건널 때는 처음이라 힘겹고, 두렵고, 막막했다. 시간을 건너와서 보니 그 안에는 아이의 성장도 있고 내 젊은 날도 녹아 있었다. 나의 인생에서 엄마라는 시작이 고스란히 놓여 있었다. 아이와 초보 엄마가 함께한 시간 속에서 예쁜 조약돌, 투명한 조개를 줍듯 기록한 글들이 나에게도 선물이 되었다. 지금 들춰보면 세상에 하나뿐인 말들이었다. 좋아서 한 기록들이 시간이 지나면 아이에게도 과거로 여행할 수 있는 티켓이 되어줄 것이다. 아름다운 추억이 들어 있는 적금 통장이 되어줄 것이다.

재봉틀을 좋아하는 엄마는 아이의 옷을 만들어 입힌다. 예쁜 원단, 색색의 단추를 고르고 아이가 좋아하는 리본을 단다. 요리를 좋아하는 엄마는 매 끼니 사랑으로 식탁을 채워간다. 아이의 건강을 채운다. 누군가는 가족여행을 갈 때마다 여행지에서 두 딸에게 편지를 쓴다고 했다. 집으로 보낸 엽서가 도착하면 당장 열어보지 않고 아이가 컸을 때 열어보기로 했다는 것이다. 각자가 육아의 자리에서 본인이 좋아하는 것을 찾아 하나의 문화를 만든다. 그렇게 시간을 진주목걸이처럼 엮는다.

행복을 찾는 방법은 타인이 알려줄 수 없다. 어떤 일이 울림을 가져다주는지 본인만 알 수 있기 때문이다. 흔들림과 떨림은 오로지 나만 느낄 수 있다. 어려서부터 우리는 좋아하는 것을 찾아왔고 아이들에게도 적성을 찾아주려고 노력한다. 하지만 어른이 되어서 좋아하는 것을 찾기란 쉽지 않다. 내가 무엇을 할 때 행복해지는지도 오랜 시간 마음을 쓰고 생각을 기울여야만 발견할 수 있다. 공을 들여야 한다. 누구나 마음속에 하나씩 행복 버튼은 가지고 있을 것이다. 만약 잘 모르겠다면 스스로에게 다양한 질문을 해보는 것도 좋은 방법이 될 수 있다.

어느 블로그에서 연말 시상식처럼 그해의 '베스트 어워드'를 적어놓은 기록을 보았다. 그 문항들은 이런 것들이었다. '올해의 커피는? 올해의 소설은? 올해의 선생님은? 올해의 반찬은? 올해의 고민은? 올해의 옷은? 올해의 음식은? 올해의 맥주는? 올해의 여행은? 올해의 사건은? 올해의 효도는? 올해의 영화는? 올해의 성실은?'

일 년을 돌아보며 나 자신에게 이런 질문을 던지면 시간이 정돈되었다. 모범생의 오답 노트처럼 나에 대한 정답을 맞힐 수 있는 좋은 방법이었다. 질문에 하나씩 답을 적었다. 나 자신을 자세히 들여다볼 수 있었고 어떤 순간에 행복을 느꼈는지 떠올릴 수 있었다. 스스로에게 이런 상세한 질문들을 해보자. 내가 자주 찍었던 사진, 자주 기록했던 순간, 오랜 시간을 보냈던 행동, 자주 지갑을 열게 했던 분야를 되돌아보자. 그것이 바로 내가 좋아하는 것일 테니까.

아이가 커가는 구 년의 시간 동안 나 역시도 내가 무엇을 좋아했는지 모르고 살았다. 그저 살아내기에 바빴다. 순간을 쌓아올린 기록들을 바라보며 '나는 아이의 말을 수집하는 것을 좋아하는구나!', '그 순간에 행복을 느끼는구나!' 알게 되었다. 시간이 흐르고 쌓여서 깨닫게 된 것들이었다. 나도 모르게 지속했던 기록들을 모아보니 한 권의 책이 되었다.

좋아하는 감정은 형태가 없어서 모습이 드러나지 않는다. 때로는 대화를 통해서 보일 수도 있고 행동을 통해 나타날 수도 있다. 나도 모르게 내가 좋아하는 것을 아이에게 주고 있었을 것이다. 아주 자연스럽게, 많은 시간을. 그게 무엇인지 고민하는 일, 이것이 엄마에게 있어 행복을 찾는 시작이 될 것이다.

아이의 말 선물

1판 1쇄 발행 2020년 7월 15일

지은이 고하연
펴낸이 윤혜준 | 편집장 구본근 | 디자인 박정민 | 마케팅 권태환

펴낸곳 도서출판 폭스코너 | 출판등록 제2015-000059호(2015년 3월 11일)
주소 서울시 마포구 월드컵북로 400 문화콘텐츠센터 5층 9호(우 03925)
전화 02-3291-3397 | 팩스 02-3291-3338 | 이메일 foxcorner15@naver.com
페이스북 www.facebook.com/foxcorner15 | 블로그 https://blog.naver.com/foxcorner15

종이 일문지업(주) | 인쇄 수이북스 | 제본 국일문화사

ⓒ 고하연, 2020

ISBN 979-11-87514-45-9 (13590)

- 이 책의 전부 또는 일부 내용을 재사용하려면 저작권자와 도서출판 폭스코너의
  사전 동의를 받아야 합니다.
- 잘못된 책은 구입하신 서점에서 바꾸어드립니다.
- 책값은 뒤표지에 표시되어 있습니다.
- 이 도서의 국립중앙도서관 출판예정도서목록(CIP)은 서지정보유통지원시스템 홈페이지
  (http://seoji.nl.go.kr)와 국가자료공동목록시스템(http://www.nl.go.kr/kolisnet)에서
  이용하실 수 있습니다.(CIP제어번호: CIP2020024050)